수승대

신보성

–

지음

여행마인드

신보성 수승대 시비

수승대 시비 제막식 장면

수승대 시비 제막식 행사장을 가득 메운 하객들

경과보고를 하는 신보성 시비건립추진위원장 신정규씨

거창신씨 요수종중 대표 신석범씨의 환영사

축사를 하는 백신종 경남도의회 부의장

축사를 하는 이홍기 거창군수

축사를 하는 박수진 시인

시비 제막식 후 거창지역 기관장님들과 함께 한 신보성 시인

시비제막식을 마치고 시비를 가리키는 신보성 시인

시비 제막식 행사 사회자 신호범씨

시비 제막식 이후 신보성 시인의 가족 사진

박수진 시인, 김정희 수필가, 윤혜숙 시인님과 함께한 신보성 시인

거창신씨 요수종중 이사회 광경

거창신씨 요수종중 이사회를 마치고 나서 구연서원 앞 기념촬영

구연서원

신보성 시인의 누님과 딸

신보성 시인의 장남 시인 신성범 씨

신보성 시인의 차남 신송범(외교관) 씨

신보성 시인의 둘째 처남

신보성 시인의 둘째며느리와 손자(앞줄 우측)

신보성 시인의 딸과 큰처남 내외

시인의 말

금년은 매우 바빴고 의미 있게 살아온 한해였습니다.

불교대학에서 경전 강의를 해 가면서 소설 '복덕방 시인의 집' 을 발간했으며 280수의 시를 창작했습니다.

거창신씨 요수종중에서 거창군과 여러 친지들의 도움을 얻어 명승 제53호이며 국민관광지인 거창 수승대 경내에 본인의 시비를 건립해 주었습니다. 수승대는 조상님들이 생애와 사상을 통해 일깨워 주신 가르침이 구석구석 살아 숨 쉬는 곳이며 내가 어린 시절 문학의 꿈을 품고 정열을 불태웠던 곳이기도 합니다.

문학과는 사뭇 거리가 있는 법학을 전공하여 법학교수로서 인생의 많은 시간을 살아왔지만 내 마음의 심층에는 언제나 문학의 열정이 꿈틀거리고 있었습니다. 어린 시절의 추억이 알알이 스며있는 문학의 본 고장에 본인의 시비가 세워 진 것을 대단히 기쁘게 생각합니다. 시비건립 추진위원장 신정규씨를 비롯하여 본인의 시비건립을 위하여 애쓰신 요수 종중 관계자 여러분과 여러 가지로 도움을 주신 이홍기 거창 군수님을 위시하여 문화관광과 관계자 여러분께 다시 한 번 감사를 드리는 바입니다.

거창 수승대는 사적으로는 저의 12대조 할아버지이신 요수 선생과 7대조 할아버지이신 황고 선생이 시를 읊고 제자들을 훈육하신 문학과 유학의 고장입니다. 위대한 조상님들의 문학과 정신사상적 세계를 탐구하여 이를 후손에게 전수해줌으로써 이를 삶의 지표로 삼도록 해야 하는 것이 오늘을 살아가는 후손들의 의무라고 생각합니다.

그리고 산자수명한 수승대의 경치와 그 속에서 자연과 어우러져 살아가는 사람들의 아름다운 이야기를 시와 소설 산문이나 그림과 같은 문학과 예술로 노래해야 합니다. 이러한 문학과 예술활동을 통하여 수승대와 전통한옥마을인 황산마을을 널리 알리게 되면 수승대와 황산마을은 명실 공히 전국적인 관광명소가 되어 주민들의 문화수준 향상과 소득증대에도 이바지 하게 될 것입니다.

대한민국은 문화국가입니다.

한국헌법은 그 전문에서 문화의 모든 영역에서 각인의 기회를 균등히 할 것을 천명하고 있으며 제9조에서는 전통문화의 계승 · 발전과 민족문화의 창달에 노력해야할 국가의 의무를 규정하고 있습니다. 따라서 국가와 지방자

치단체는 이상과 같은 문화국가 실현을 위한 문화풍토 조성을 위하여 지원을 아끼지 말아야 할 것입니다.

이번의 시집은 본인의 제5시집에 해당됩니다. 제4시집 발간 이후에 창작된 시를 모아보니 280수가 되었습니다. 280수의 시를 본 제5시집에 모두 담았습니다.

누가 본인에게 노인이 왜 시를 창작하느냐고 묻는다면 본인은 주저 없이 시 창작이 즐겁고 재미있기 때문이라고 대답할 것입니다. 이웃집에 사는 젊은 여인에게 본인의 시집 한 권을 주었더니 밤 새워 시집 한 권을 다 읽어보았다는 그 여인은 내 시를 읽고 너무나 슬퍼서 펑펑 울었다는 것이었습니다. 물론 외교적 수사로 그냥 칭찬해 주는 것이겠지만 노인인 내가 시 아닌 어떤 것으로 젊은 여인으로부터 이처럼 감동적인 찬사를 받을 수 있겠습니까?

사람은 그가 하는 일이 재미있어야 하고 잘 할 수 있어야 하고 타인에게 도움을 줄 수 있어야 합니다. 내가 시 창작을 잘 할 수 있을 것인지 타인에게 유익을 줄 수 있을지는 아직 미지수이지만 시 창작이 재미있는 것만은 확실합니다. 열심히 일하는 자가 재미있게 일하는 자를 당할 수 없다고 합니다.

시도 인간을 위해서 존재합니다. 시가 인간의 삶을 보다 아름답고 윤택하게 할 수 있을 때 그 존재의 가치가 인정된다고 봅니다. 그러기에 시를 너무 고통스럽게 쓸 필요가 없다고 봅니다. 마치 시를 위해서 태어난 목숨처럼 고통스럽게 시를 창작하다가 요절해버린 아까운 시인들이 얼마나 많습니까. 실로 안타까운 일이 아닐 수 없습니다.

이제 시 창작은 본인의 생활과 떼어놓을 수 없는 하나는 습이 되고 말았습니다. 본인의 시를 읽어주고 격려해주며 소통할 수 있는 독자 여러분이 계시는 한 본인의 시 창작은 앞으로도 계속될 것입니다.

독자 여러분의 성원에 고개 숙여 감사를 드리는 바입니다.

2013년 11월

신 보 성

搜勝臺 | 차례 |

제1부

제 2 부

제 3 부

제 4 부

제 5 부

제1부

본마음의 소리

태풍이 걸레질하고 지나간 파아란 하늘
구름마저 숨어버린 허공으로 새들이 날아간다
들판의 푸성귀들이 태풍의 꼬리가 흘리고 간
빗방울을 잡념인양 털어내며
새 세상 밝은 빛에 몸을 말린다

탐욕에 갇힌 마음이 어둠의 창문을 열면
하늘의 음성이 들려온다
몸 안의 탐욕 걷어내면
몸 안의 마음과 몸 밖의 마음이 하나로 어우러져
하늘의 음성이 되니
본마음과 하늘이 다르지 않네

허리 잘린 소나무와 떨어져 내린 모과 몇 개에도
연민의 정이 솟고
태풍이 데리고 간 아들을 장사지내는
이재민의 슬픈 곡성에 불생불멸이란 위로의 말
한 마디라도 건네고 싶은 것은
얼음이 녹아 물이 되듯
죽은 자와 산 자가
본래 우주에 충만한 한마음이기 때문이리라

태풍이 휩쓸고 지나간 들녘에 서서
탐욕에 갇힌 마음의 창문을 열고
언제나 여여한
본마음의 소리에 귀 기울여본다

가을의 축제

누렇게 익어 고개 숙인 벼이삭 위에서
메뚜기와 잠자리가 입을 맞대고 인사를 한다

벌들이 날아와
코스모스 꽃송이 단 꿀 취하니
샘 난 바람이 코스모스 대궁을 흔들어댄다

한낮의 햇살이
산야의 그늘을 지워나가니
호박꽃은 입 벌리고 게으른 하품을 하고
인가의 닭 들이
꼬끼요 꼬기요 졸음을 깨운다

가을이 한창 무르익어 가는데
무서리 몇 번이면
이 계절의 축제도 끝날 것이니
최후의 만찬을 거룩하게 즐기라고
먼 산 까마귀들 울면서 가네

밤나무의 이별가

툭 툭 알밤 다 털어낸 밤나무 사이사이
스며드는 가을 햇살에 상기된 잎사귀 위로
홀로 된 노년의 평화와 안식이
미소처럼 잔잔하게 흐르고 있다

잘 가거라
알밤 자식들아
나와 너희들과의 인연은 여기까지다

봄부터 가을까지
풍우와 벌레들로부터 너희들을 지키며
품어 안고 길러온 노고쯤이야 잊을테니
이제는 너희들도 모천의 그리움을 잊어야 한다

감사하는 자에게 감사할 일 생기고
웃는 자에게 웃을 일 생기나니
지금은
우리들의 이별마저도 감사하며 웃어야할 때

주인으로 살아온 한 세상 세월
즐거웠지만
이제 이별의 운명 앞에선
순종이 미덕임도 알아야 한다

잘 가라 새끼들아

가을 숲의 노래

여름을 배웅한 가을의 숲이라고 조용하지는 않다
정오의 햇살이 불러 모은 곤충들의 노래는
지휘자도 없는 악단의 연습공연처럼 무질서하다

숨도 쉬지 않고 불러대는
저 판소리의 주인공은
황금들녘 오곡백과 미련 버리지 못해
가던 걸음 되돌려 돌아온 매미들일까
가을의 선발주자들일까

만월을 뽐내었던 한가위 보름달도
어느덧 제 몸을 제가 잘라
밤하늘의 신에게 소신공양하여
반월로 줄어들어가야 한다는 것이
나의 빈 가슴에겐 적지 않은 위안이 된다

여름을 떠나보낸 가을의 숲속에서
생명의 숨소리와 숲의 노래에 취하여
결코 다 버릴 수 없는 욕망의 끈을 잡고
일등으로 달리는 인생의 후미에서
추월의 기회 엿보며 두려움 없이 달리는
이등 인생의 마라톤 경주가 너무나 즐겁다

소나무의 詩

소나무의 언어가 침묵이라 해도
침묵으로 적어놓은 시들이 있을텐데
바람 속에 묻었을까
나이테 금줄 안에 저장해 두었겠지

그 금줄 풀어내어 낭송해 보면
벌레들 우는 소리
산새들 노랫소리도 들려오려나

천년쯤 다른 세상 살다가 돌아오면
나이테 금줄이 새들의 노래가 되어
새들의 지저귐에서 묻어나는 내 발자국 소리
알아들을 수 있을 것인가

소나무의 참을성이 아무리 질기다 해도
천년 세월을 침묵의 언어로 직조하는
시마저 없다면
슬프고 외로워서 견딜 수 없으리라

소나무가 나에게 묻는다
그대는 외롭기 때문에 시를 쓰는가
시를 쓰기 위해서 외로워졌느냐고?

물의 마음

물의 마음이라고 늘 고요할 수는 없지
물이라고 희로애락을 모르겠는가
때로는 심심하기도 하겠지
심술궂은 빗방울로 초목을 놀리기도 하고
매미의 울음을 멈추기도 하지
주먹 한 번 휘둘러 툭 치니
반항의 말 한 마디 내지르지 못하는
무궁화 꽃송이
서러운 한 생이 울면서 진다

비가 내렸다 해가 솟았다
변덕스런 날씨처럼 내 마음도
흐렸다 맑았다 비웠다 채웠다 하니
사람의 마음도 물을 닮은 것일까
내 몸의 칠 할은 물이라니까

단풍처럼 늙어가야 할 때

단풍이 지고
강물의 노래는 나날이 구슬퍼지며
무서리를 맞은 들녘 배추들이
지푸라기로 몸을 묶어 서로의 체온을 나누며
최후의 만찬을 베푸는데도

천년이라도 살 것처럼 하고 싶은 일들이
내 영혼의 뜰 앞에 엎드려 석고대죄 하면서
나도! 나도! 하고 손 흔들어
끝내 떨쳐버릴 수 없는
욕망의 본능을 토해낸다

못 생겨서 미안한 듯 잎새에 파묻혀
숨죽이며 살아온 모과들이 잎 떨어진 가지에서
번뇌 망상 다 털어낸 성자의 모습으로
노오란 향기 피워 올려 해탈의 법문을 설한다

호박은 늙을수록 맛이 좋아지고
모과는 늦가을 서리 맞고서야
향기와 빛깔 더욱 고와지며
석양에 비친 하늘빛은 또 얼마나 아름답더냐

내 인생의 뜨락에도 단풍이 진다
이제는 단풍처럼 곱게 늙어가야 할 때

한가위 보름달

한가위 보름달이
유난히 둥글어 보이는 것은
내 마음 각진 부분 깎이어
둥글어졌기 때문이지요

저 달이
저토록 포근하게 느껴지는 것은
차가웠던 내 마음이 넉넉해진 인심에
따뜻해졌기 때문이지요

저 달이
저토록 밝아 보이는 것은
내 마음 사로잡았던 흑암의 권세 물러가고
진리의 광명이 스며든 때문이지요

저 달이
저토록 새롭게 느껴지는 것은
한가위 맑은 물로 씻어낸 내 마음이
그만큼 새로워졌기 때문이지요

한가위 보름달이
저토록 단아해 보이는 것은
어지러운 내 마음도
차분히 가라앉은 때문이지요

백운산 자연휴양림에서

깊은 계곡 맑은 물 새소리 바람소리
반해서 발걸음 떨어지지 않는 흰 구름
산정에 둥지 틀어 머무는 곳
백운산 자연휴양림

정든 님 속삭임 같은 물살에 발 담그고
몽돌로 다듬어지는 돌멩이들 뒤집으며
다슬기 찾다보니 시공의 느낌마저
무의식의 세계로 빠져든 것일까
내가 나를 잊었다

무아지경 참선삼매 들고 보니
생사가 열반이고
해탈의 자유가 이런 것이라면
살아도 죽은 것이고 죽어도 살아있는 것이니
불생불멸이며 자연과 내가 둘이 아니라
사는 것이 괴로우랴 죽는 것이 겁나랴

무명인의 자유

유명해지고 싶은 때가 있었는데
내 이름 별로 알려지지 아니하고
내 얼굴 그다지 팔리지 않은
무명인이라는 것이
이렇게 편할 줄을 예전엔 미처 몰랐다

매무새 다듬지 않고 가벼운 운동화 신고
신사복 갈아입을 필요도 없이
그냥 그대로 나돌아 다녀도
날 알아보는 사람 없으니
행 주 좌 와 어 묵 동 정이 얼마나 자유로운가

외식하는 바리새인이 아니고
회칠한 무덤도 아니며
칭찬이나 비난에도 흔들리지 아니하는
묵중한 바위 올라서서 호연지기 하나로도
도덕적 초인이 된다는 일이
이렇게 쉬운 것임을 예전엔 미처 몰랐다

이름 없는 들풀이 인사를 하고
백운 청산이 나를 품어준다는 것이
얼마나 고마운가
친구여, 이렇게 사는 재미를
너에게 알려 주지 아니한 채
나만 알고 즐기는 것이 죄스럽고 미안하다
용서를 빈다

인생은 방황이다

방황이 없는 고정된 삶은
안정으로 위장된 권태의 감옥이다
노력하는 자는 방황하게 되어있다
방황 없는 청춘이
온실 안에 피어오른 화초라면
노년의 방황은
고목의 등걸에서 붉은 꽃을 잉태하는
옥토의 자양분이다
회의 없는 신앙이 맹목적이듯
방황 없는 인생은
박물관 유리창 속 박제된 공작새의 날개다

비록 방황하며 걸어가는 인생길이
힘 든다 해도
창조의 발걸음이 재미있지 않은가
인생은 방황이다
방황이 끝나는 날 인생도 끝난다

태양초와 할머니

얼굴에 자글자글한 주름
훈장처럼 달고 있는 할머니가
아파트 공원 아스팔트 운동장 위에
고추를 널어 말리고 있습니다

죽은 고추의 살결이
살아있는 자신의 피부보다 더 매끄러운 것이
이상하게 생각되는지
빨간 고추의 피부를 손가락으로
만지작거립니다

고추는 고추대로 태양초의 영광을
지키기 위해서는
더욱 분발하지 않을 수 없다는 듯
발가벗은 몸 이리저리 뒹굴면서
고달픈 일광욕을 즐기고 있습니다

부엌에서 몰래
고추장으로 보리밥 비벼먹으며
층층시하 시집살이 배고픔 달래며
청춘을 불사른 것으로 짐작되는
할머니의 눈언저리에
어느덧 고추장 같은 눈물방울이
맺히기 시작합니다

은행나무의 장수비결

노랗게 익어 가지 끝에 조롱조롱 매달린
은행 알 들이 가을 햇살 불어모아
열반의 의식을 예비하고 있습니다

해마다 이맘때면
수수 백 천 자식들 떠나보내고도
은행나무가 천년을 행복하게 살 수 있는 것은
그가 피할 수 없는 것은
즐겁게 받아들일 줄 알기 때문입니다
이별의 슬픔을 부활의 소망으로 바꿀 줄
알기 때문입니다

인간이 불행하게 되는 것은
할 수 있는 것을 게을리 하거나
하지 않으면서도
그가 할 수 없는 일에 대한 집착으로
남의 탓을 하거나 좌절하기 때문입니다

더욱 어리석은 것은
그가 할 수 있는 일과
할 수 없는 일이 무엇인지조차
잘 모른다는 것입니다
은행나무는 인간이 되려고 애쓰지 않는데
인간은 때때로 신이 되려고 합니다
인간이 된 신을 보지 못하고.

나무에게 물었더니

한 열흘간 만행하는 스님처럼
배낭 한 개 걸머지고 경향 각지 떠돌다 돌아오니
열병에서 깨어난 사람처럼
얼떨떨한 정신에도 만물이 새롭다

노상 보던 그 나무 그 풀들 산하대지가
이렇게도 정다울 수가
나의 노쇠한 육신 흐릿해진 정신
반갑게 품어 안아 줄 곳
여기 말고 또 어디에 있을 것인가

직립부동 나무 보고
그렇게 한 세상 한 곳에 서서
머물 수 있는 인내심 가상타 하니

노력하는 자는 방황하게 되어 있어
그의 뿌리도
한 평생 땅 속 더듬어 방황하며
뻗어간다 하더라

소유가 없어지니

밤나무가 그의 발 아래로
종 부리듯 사람들을 불러들인다
소유가 권력을 창출하는 것이어서
이 아름다운 추수의 계절은
알밤을 소유한 밤나무의 권력도 절정에 달한다

소유를 상실한 김 노인은
그의 존재만으로는
명절이 아니면 자식 하나 불러들일 수 없었지만
재벌기업 박 회장은
무덤에 들어간 지 삼년이 지난 뒤에도
상속으로 넘어가지 않은 소유가 남아있는지
자식들의 왕래가 빈번하다는데

언제나 소유보다
욕망의 크기가 더 늘어났던 박 회장은
불행하게 살다 죽었고
그의 제삿날은 자식들의 싸움판이 벌어졌지만
소유보다 욕망의 크기가 작았던 김 노인은
행복하게 살다 죽었고
그의 제삿날만은
자식들이 즐겁게 놀다가 간다

낙엽이 함께 가자하는데

낙엽이 소리 없이 뚝 뚝 떨어지면서
날더러 하던 일 멈추고 함께 가자하는데
내 인생의 방황은 아직 끝나지 않았다고
식어가는 잿더미 속에서 불꽃 하나 찾아내어
여로의 마지막 들길에서
모닥불을 지핀다

나뭇가지가 붉게 물든 잎사귀를
사정없이 밀어내면서
날더러 손에 쥔 것 죄다 놓아버리라 하는데도
그것 없이는 인생이 무의미해 진다며
해 저무는 강마을
떠나야할 배 위로 오르기를 거부한다

행복의 척도

흙 밟고 사는 것이 얼마나 행복인가를
배 타본 사람이면 알 수 있다
풀냄새 맡으며
산길 들길 걷는 것이 얼마나 행복한가를
비행기 타본 사람은 알 수 있다

내 집에서 밥 먹고 잠자는 것이
얼마나 행복한 가는
둥지 찾아 날아드는
까치를 보면 알 수 있다

내 남편 내 아내가
얼마나 소중한 존재인가는
바람 피워 본 사람일수록 더 잘 안다

아들 딸 기르며
지지고 볶아가며 평범하게 사는 것이
얼마나 행복인가는
훌륭한 독신 성자의 장엄한 장례식 뒤에
찾아드는 고적한 바람소리를 들으면
알 수 있다

흑백이 무상하니

바둑 몇 판 두고 나니
훈수에 지친 해가 저녁밥 먹으러 제집으로 들어가고
어둑발 찾아드니
상수리나무 까치들이 신방을 꾸민다

친구야,
계가는 해서 무엇하나
흑백이 교차하고 승패 또한 무상한 것을
가을바람 시원한데
흑백 돌멩이로 바둑판 몰입하니
만겁 업장 번뇌 망상인들 녹지 않고 배기랴

친구야,
원한도 후회도 사랑도 미움도
원래 우리의 것 아닌 공적한 없음인 것을
네가 진들 어떠하며 내가 진들 어떠하랴

돌멩이에 싫증나면 한 잔 술 갈라 마시고
두 잔 술에 싫증나면
너는 너대로 달빛 아래 춤을 추고
나는 나대로 별빛 쳐다보면서
노래라도 부르리라

배추가 김치가 된다 해도

무변 무한 허공에 가득 찬 본마음은
늘지도 줄지도 않고 여여하지만
욕심의 우리에 갇힌 마음은
나만을 고집하는 편집증에 걸린
옹졸한 육신의 노예
비본질이 본질을 덮어버린 전도몽상으로
소중한 삶을 부질없이 괴로워한다

지난 밤
가녀린 소나무 뿌리 하나 움켜쥐고
천 길 낭떠러지에 떨어지지 않으려
안간힘 쓰던
악몽에서 깨어나니 얼마나 시원하든가

얼음의 모양은 제 각각이나
녹아버린 물은 하나로 같으며
촛불로 타버린 촛농은 사라져도
초가 없어진 것 아니니
형상은 각각이고 사라져 없어져도
본질은 불생불멸이거늘
인간이 어찌 죽음을 두려워하리오

죽음이란 얼음이 물 되는 것이고
꿈에서 깨어나는 것이거늘
들녘의 배추들도 고춧가루 뒤집어쓰고
김치가 되는 것을 두려워하지 않거늘

벌레 먹은 채소

벌레 먹은 채소가 맛이 좋은 것은
벌레들 예리한 미각이
기미해 본 것들이기 때문이다

황금 들녘 고개 숙인 벼이삭들
기미해 볼 메뚜기들 다 어디로 갔나
검사되지 않는 식육들이천지사방
널브러져 있다

상처 많은 인생이라 자책하지 마라
구부러진 나무가 산을 지키고
벌레 먹은 단풍이 가을 산을 물들인다

추락의 계절에

가을이 슬픈 소리를 내며 지나갑니다
감나무의 홍시가 땅바닥으로 뛰어내려
가을의 풍경화에 철퍼덕 낙관을 찍습니다
쿰쿰한 냄새로 자신을 지켜왔던 가로수 은행알들도
차마 떨어지기 아쉬운 엄마의 손을 놓고
아스팔트 길 위로 뛰어내려
부활의 때를 기다리고 있습니다
포도 위를 구르는 가랑잎의 이별가가
바람결의 춤사위로 더욱 애절하게 들립니다

종이 상자 담은 리어카를 끌고 가는
할머니의 허리에서 삐거덕 삐거덕
가을 지나가는 소리 들리고
그때마다 한잎 두잎 낙엽이 떨어져 내립니다
추락하는 가을에 쓰레기 줍는 노인들이
인생의 추락을 막아보려는 듯
비닐봉지에
부지런히 낙엽을 주워 담고 있습니다

노인들과 스마트폰

공원 벤치에 앉아 스마트폰 만지작거리는
노인들 손가락 율동 빠르고 경쾌하다
무엇이 우스운지
이따금 빙그레 미소 짓는 것은
익명의 사이버 공간 넘나들며
스무 살 총각 행세에
속아주는 세상이 흥미롭고
열일곱 살 소녀가
귀엽게 느껴지기 때문일까

참 아름답고 재미나는 이 세상
즐겁게 구경하고 돌아오라는 신이 은총이
고맙게 느껴지기 때문일까

동태눈을 하고
멍하니 앉아있는 노인이 아니라
반짝이는 눈동자 재빠르게 굴리며
열일곱 살 소녀와 채팅을 즐기는
오늘의 노인들은 괴테가 되어가고 있다

인간 백세 지향 노인들 공원 모여들어
스마트폰 손에 들고
청춘공화국을 전복하기 위한 내란을
예비 음모하고 있다

생명의 존엄

하느님이 마귀 길들이기 위해 욥을 걸어놓고
내기바둑을 두고
계백이 처자 목 잘라 충성맹세를 실천했지만
아직도 마귀의 참소에 의인들이 죽어가고
백제는 망하여
구천을 방황하는 망자의 원혼들이
잘려나간 모가지를 찾아 헤맨다

생명이란 살라는 명령
스스로도 포기 처분할 수 없는 존엄한 것인데
누가 그것을 허투루 할 수 있단 말인가
들녘에 피어오른 흔해빠진 개망초 한 포기도
함부로 뽑아서는 안 되거늘
신이라고
충신이라고
어찌 인간의 목숨을
그토록 처참하게 유린한단 말인가

지렁이 한 마리
제발 죽이지 말라고 울면서 기어간다

물속의 풍경화

심심해진 가을비 아스팔트 길 위로 내려와
제 몸으로 먹 갈아 그려놓은 풍경화 속에
하늘 끌고 들어간 흰 구름 한가하게 노니는데
슬그머니 내 얼굴 내밀어 들여다보니
나 아닌 또 하나의 내가 험상궂은 얼굴을 하고
올 테면 머뭇거리지 말고 어서 들어오란다

뭐 이런 게 있어 하고
그림 한 복판 발로 툭 차니
하늘도 구름도 아름다운 풍경도
나처럼 생긴 것도 오리무중이다

일단의 늙은이들이
공원 사각정 위에서 천 원짜리 몇 장 내놓고
고스톱을 치는데
저 풍경도 내 입으로 한 번 훅 불어버리면
물속에 그려진 풍경화처럼
오리무중 사라져 버릴 것 같다
만싱이 허상이요 물거품이니

두루 함께 어우러져

낯선 것은 새로워서 좋고
낯익은 것은 편해서 좋다
울타리의 탱자가 노랗게 익어가고
감나무의 홍시가 빨갛게 익어갈 때
정든 고향 옛 친구 그리운 사람 보듯 즐겁고
외래종 수입 나무 열매가
푸르죽죽 익어가는 모습에서
이국의 여행지에서 만나 본 어느 여인의
푸르스름한 얼굴 떠올라 기분이 좋다

된장찌개 김치찌개 다슬기 국에 길들여진
입맛으로 못 먹을 것 같던 피자도
막상 먹어보니 먹을 만했다
붓다의 말씀에 익숙해진 귀로도
예수의 말씀 들어보니
거기에도 진리가 있었다

낯선 것도 친해지면 친구처럼 좋아지고
낯익은 것도 멀리하면 타향처럼 멀어지니
이 것 저 것 구별 말고 두루 함께 어우러져
사는 것이 인생이다

은행나무

먼지 속에 살아도
소음 속에 살아도
네 귀가 깨끗하니
잎 잎마다 밝은 표정이구나

길가에 서서 살아도
네 가슴 푸르니
여름의 거리가 푸르고

도시의 심장에
주렁주렁 붉은 물 밝히니
가을이 풍요롭게 출렁거린다

담쟁이 인생

붙어야 산다
줄 서야 산다
뿌리 깊지 못하고 허리 가늘어
제 힘으론 설 수 없는 기생의 목숨들
나무 아니면
담벽에라도 달라붙어 기어야 한다
줄 한 번 잘못 서면 비명횡사니
신의와 의리를 따져서 무엇하리
붙지 않고 줄 서지 않고
제 힘으로 살아가려면
근력 담력 튼튼해야 하거늘

철새를 닮았다
이끼를 닮았다
이 가을 지나면
청소부 낫에 잘려
불 속으로 던져질 담쟁이 인생들

욕심이 하늘을 가리고 있으니

후미진 산골짝
허리 꼬부라진 한 그루 소나무에게
외로워서 어떻게 사느냐고 물었더니
그 소나무
자기보다 내가 더 외로워 보인다고 말한다

등산객 발소리마저 들리지 않는 적막산중에도
은빛 햇살 살포시 나래 펴고 내려 앉아 낮잠을 자고
이따금 벌 나비 찾아들어 임 부르는 소리
돌 자갈 두드리는 개울물 노랫소리에
외로워할 겨를도 없어서일까

발걸음 한 발자국도 떼어놓지 못하고
땅에 붙어사는 것이 지루하지 않느냐고 물었더니
그 소나무
내 인생이 자기보다 더 지루해 보인다고 말한다

저 소나무
천안통 타심통 열려있어
지루하고 심심해 뭐 돈 되는 일 좀 없을까 하고
이 거리 저 골목 돌아다닌 내 행색 내 마음
꿰뚫어 보았음일까

소나무는 말한다
욕심이 하늘을 가리고 있으니
군중 속에 있어도 고독하고
제 발로
천리를 걸어 다녀도 인생이 지루한 것이라고

나무와 사람

나무들은
겨울나기를 위해 옷을 벗는데
사람들은 월동을 위해
옷을 겹겹 껴입는다

나무들은 새 봄을 잎 피우기 위해
마음의 밥그릇을 비우는데
사람들은 천국이 배고플까봐
죽음의 순간까지 마음의 밥그릇을
채우기에 바쁘다

잎 떨어진 나뭇가지에는 찬 겨울에도
눈꽃이 피어나지만
숨 떨어진 인간의 썩어버린 사대육신 위로는
찬 겨울 비바람에 무슨 꽃이 피려는가

죽음은 축복인가

양지바른 논두렁 가을 쑥들이
봄날의 청춘보다 더 생기발랄하다
조만간 불어 닥칠 무서리 핵폭탄을 염려하지 않으니
가을은 결코 슬픈 이별이나 추락의 계절이 아니다

생명줄 놓아버린 감나무의 홍시가
땅바닥에 철퍼덕 내려앉아
몸으로 풍경화를 그려놓아도
절망과 포기를 모르는 생명의 의지는
나약한 감상에 젖지도 않는다

한 줄기 바람에
우수수 떨어져 땅위를 구르는
가랑잎 하나에도 죽음을 연상하며
영생을 갈구하는 심약한 인간들에게

깊어가는 가을 논두렁 새파란 쑥들이
장수는 신의 저주이며
죽음은 절망이 아니라 축복이라고
말없는 웅변으로 가르쳐준다

낙엽의 비애

가을 비 추적추적 내리니
추위에 떠는 나뭇잎 언저리로
무심히 스쳐가는 바람에 우수수 추락하는
낙엽의 비애가 땅 위에 쌓여간다

젖은 몸으로 나신의 발아래 엎드려
호곡하는 낙엽을 밟고
짐짓 고상한 생각 떠올리며 걸어가는
발바닥의 감촉이 폭신폭신하다

낙엽의 몸부림과 호곡소리를 쾌감으로 즐기는
인간의 잔인성에 소스라치게 놀라지만
바람은 여전히 불고
잎 떨어진 나무들은 이별의 고통을 잊은 듯
태연자약하다

이 비가 그치면 태양은 또 다시 구름 창문을 열고
나목의 몸뚱이와 낙엽의 등짝 위로
따스한 손길 내밀어 이별주를 권하며
이들의 슬픈 작별을 위무해주고
빗자루를 든 미화원이
낙엽의 장례식을 치러 주리라

그 때는 나도
아내가 새로 담근 총각김치로
쌀밥을 배불리 먹은 후
황량한 들판의 거리에서 이별의 노래를
불러야 하리라

벼룩시장

벼룩시장 광고란을 읽어보면
서민들의 살아가는 모습이 보인다
옷 입고 밥 먹고 잠자면서 목숨 지탱하여
산다는 것이 예삿일 아님을 알 수 있겠다

종이 한 장 위에
물건과 물건이
물건과 노동의 거래가 이루어지고
보통사람들의 삶의 애환이 절절이 녹아있다

어느 스님이
행복은 새로운 것을 얻는데 있는 것이 아니라
불필요한 것을 내려놓는데 있는 것이라 했다
지당한 말씀이지만

벼룩시장을 보면
새것을 얻기는커녕 헌 것마저 빼앗기고
필요한 것 얻지 못해 불행한 사람들이
너무 많다는 것을 알 수 있겠다

벼룩시장 광고란을 읽어보면
벼룩처럼 살아가는 사람들의
슬픈 이야기를 들을 수 있다

깨 터는 할머니

수건 질끈 동여매고 깨 터는 할머니
석양에 물든 자글자글한 주름살
단풍처럼 고웁다
탕탕탕 툭툭툭 몽둥이질에 놀란 하루살이들
도망쳤다 모였다 할 일 없이 바쁘다

깨 터는 소리
저토록 우렁차게 들리는 것은
할머니 엉덩이로 깔고 앉은 땅값이
무려 이십억 원을 넘어서기 때문일까

사업에 망한 아들이 살려 달라 애원해도
복덕방에서 팔라고 졸라도
영감이 남겨주고 간 땅 없앨 수 없다면서
엉덩이 깔고 앉아 지켜온 할머니의 재테크는
어느 누구보다 성공적이었다
십년 사이에 땅 값이 30배로 뛰었다니까

저 땅 돈으로 바꾸어
남은 세월 호의호식 하지 않으시고
세상 떠나는 날 어떻게 하실까
어느 김밥 할머니처럼 학교에 바치고 떠나실까
자식에게 물려줄까?

입맛 다시는 사람 많겠지만
김밥 두 줄로 점심 때운 할머니는
툭! 툭! 툭! 무심히 깨만 터시네

불사약이 있을까?

단풍이 지고 무서리가 고구마 잎사귀를
삶아 널어 말리는 들녘 위로 내려쬐는
한나절 가을햇살에 올라 탄 잠자리들이
구름 한 점 없이 맑게 갠 하늘을 배경으로
군무를 춘다

무봉산 장수봉 어느 묘봉에서
초봄에 만났던 점박이 나비는 아직도 살아남아
땅과의 회포를 다 풀지 못 했는지
허공으로 솟았다가 이내 제 자리로 돌아와
입술로 땅을 물고 어린 아이 젖 빨듯
쪽쪽 흙의 기운을 빨아들인다

가을 잠자리와 나비가
서리 맞아 들판에 널브러진 고구마 잎사귀들
주검 앞에 애도의 눈물 흘리지 않는 것은
그들도
초겨울 된서리 내리는 날이면 새 봄 새 생명 위해
미련 없이 떠나야 함을 알기 때문이리라

다만,
사람들은 한사코 죽고 싶지 않아
인생의 졸업식을 거부한 채
불사약 찾아서
온갖 근심 다 끌어안고 천지사방 헤맨다
인생의 단풍이 지고 찬 서리 내리는데도

우주여행 길잡이

여명의 서광이 동 터는 신 새벽
허공의 별 하나
짙은 안개 뚫고 존재의 신호를 보내고 있다
태양의 나래가 대지의 이슬을 남김없이
그의 치마폭으로 날려버릴 때까진
소통의 사다리를 치울 수 없다는 듯이

어쩌면 수백억 광년 선
우주의 미아로 사라져간 발광체 하나가
지구별 향하여 빛의 문자로 적어 보낸
사랑의 편지를 지금 받아보는
이 땅의 인간들이 새벽별의 영롱함으로
희망을 꿈꾸고 있는 것인지도 모르지만
저별을 향하여
사랑과 희망의 답장을 보낸다

저 별은 나의 별
우리들의 영원한 친구
지구별 여행 끝나고 우주여행 떠나갈 때
광대무변 허공 속 길잡이가 돼 달라며

무위의 고독

하는 일 없이 가을의 들길 홀로 걸으니
정제돼지 못한 중생의 사색이
천 갈래 번뇌의 가지를 치고
저수지 수면을 날며 먹잇감을 정탐하는
황새의 날갯짓이 고독한 노인의 마음밭에
무성히 우거진 무위를 비웃는다

과하지 않은 노동의 즐거움을 회복하기 위해서라도
오염되지 않는 푸성귀나 기르고
감나무 몇 그루라도 심을만한 땅뙈기 몇 평
있을까하여 복덕방 들렀더니
그런 자투리땅이 어디 있나요
최소한 이백 평에 삼억은 있어야 한단다

홀로 걷는 산책길의 사색마저 이토록
지루하게 느껴지는 날에는 어디로 가서 무엇을 할까
옳지,
주역의 괘를 뽑아 승용차 올라 앉아 내비의 도움으로
아직도 못 가 본 내 나라 내 산하 미지의 땅 찾아

어느 저잣거리 술집에서라도
무위의 고독을 풀어보는 것이다
땅에서 넘어진 자는 땅을 짚고 일어서야 하는 것
중생의 고독은
중생의 방식으로 푸는 수밖에

억새풀의 비애

할머니 쉰 머리칼처럼 미풍에 흔들리는
논두렁 억새풀 하얀 수염이
고독과 이별의 몸짓으로 만추의 비애를
허공으로 내뿜는다

김치집 배추 속으로 고추를 시집보낸
고추나무 뿌리와 대궁, 가지는
한철을 일생으로 마감하면서도
황금알을 떨어낸 후 천년을 산다고 우쭐대는
은행나무를 부러워하지 않는다

은행나무는 신의 피조물이라 장수를 누리고
고추나무는 인간의 피조물이라 단명이라면
논두렁 억새풀은 누가 만들었기에
만추의 들녘에서 허리 꺾지 못하고
헐벗은 몸 산발을 하고
서러운 이별춤만 추어야 할까

논두렁 억새풀 하얀 수염
흔들림 속에 배어있는
흘러간 인생의 잊지 못할 비애가
눈물어린 망막 안으로 아련히 스며든다

스밀 수 없는 빗물

이처럼 쓸쓸한 가을에도
부슬비는 하염없이 내려
푸석 푸석한 산길 위로 떨어져 내린 낙엽 적시며
대지의 가슴팍으로 스며든다

오동나무 잎사귀도 졸참나무 잎사귀도
싸리나무 잎사귀도
대소귀천 구분 없이 표 한 장 끊어들고
나룻배 기다리는 귀토의 나그네

인간의 마음에도 비는 내리지만
가진 자는 더 가지려
끌어 모으기에 여념이 없고
유명을 탐하는 자는
이름 위에 이름을 더 빛내려고 발버둥 치니
물 한 방울 스밀 수 없도록 딱딱해진
마음의 토양 위로 내리는 빗물
어디로 갈까

떠날 때는 너나없이 항아리 한 개인데
낙엽이 아는 것도 알지 못하고
이 세상 부귀영화 다 끌어안고
귀천의 나룻배를 혼자 타려 하는구나

거울 속 내가

면도를 위해 거울에 비춰본 내 얼굴
들녘에 방치된 녹슨 경운기처럼 버려도
별로 아깝지 않을 몰골이다

고장 난 자동차 없애고
새 차로 갈아탈 때의 즐거웠던 기억 더듬으며
죽음이 두려움의 대상이 아닌
신나는 일로 생각해 본다
새집 사고 새 차 타고 신혼여행 가는 것처럼
죽음 너머 세상 향하여 새 자동차 타고 간다는 것이
얼마나 기분 좋은 일이냐

죽음 너머 세상이 없고 이승과의 이별이
삶의 종말이라면
살아있는 현재는 죽지 않아도 이미 지옥이다
웰 다잉이 없는 웰 빙이 있겠는가
짧고 짧은 백년 인생에서

성형은 해서 무엇 하나 어차피 두고 갈 물건인데
버려도 아까울 것 없는 물건 뚫어지게 응시하며
안녕! 빙긋이 웃어보이니
거울 속의 물건도 빙그레 따라 웃는다
잘 가라는 듯이

은행잎의 마음

노랗게 물들어 떨어져 내린 은행잎들이
알몸의 포도 위에 이불을 덮었다
미화원 아저씨여
아직은 빗자루를 대지 마소
송별의 의식이 끝나지 않았다오

은행잎 안 보이는 삭막한 벤치에는
연인들이 앉아도 속삭이는 사랑의 언어조차
열매 없는 나무처럼 의미 없이 겉도나니
삶에 지친 발걸음이 정신없이 밟아대고
한밤중 취객의
미친 배설물이 고운 몸 적신다 해도

맑고 밝은 은행잎의 마음으로
사람 사는 이 세상
온통 노랗게 물들일 때까지

돌과 돈

뭐니 뭐니 해도 돈이 최고가 되는 세상인지라
사람들은 뭔가를 보기만하면 보자마자
돈으로 바꿔버리는 신의 아류가 되어가고 있다
전능한 신의 형상을 닮은 때문일까

남근을 닮은 돌멩이 하나가 불임여성의 호주머니에서
끄집어낸 돈의 액수가 얼마이며
약사여래를 닮은 팔공산 바위덩어리가
찍어낸 돈은 또 얼마인가

떡 다섯 개와 물고기 두 마리로 오천 명을 먹이고
열두 광주리를 남긴 예수의 행적은
이제는 기적도 아니다
은행잎을 혈압약으로
뽕잎을 영양제로 만들어 돈 모으는 이야기
역시 진부하고 순진하게 들린다

이제는 말이 돈이 세상
붓다 예수 공자의 한 마디 말을
지지고 볶고 끓이고 발효시켜 빌딩을 싯고
땅을 사들이며 회사를 만들어 돈의 황금알을
대량생산하지 않는가

돈 보기를 돌처럼 하라 했지만
돌이 돈으로 보이는 세상에서
내가 아직도 배고픈 것은 돌을 돌로만 보고 있기
때문일까?

남의 탓만 할 것인가

어리석은 자는 남의 탓을 잘 한다
그는 병들었을 때 스스로가 건강을 잃은 것이 아니라
누가 빼앗은 것이라 생각하고
남이 가진 것 못 가졌다 억울해 하느라고
자기만이 가진 것도 누리지 못한다

바라는 것 이루어지지 않았다고
신을 원망하고 불공평한 세상을 미워하면서
개혁과 혁명을 꿈꾸기도 하지만
그가 성공했다고 해서
어느 부패한 독재자의 비극적 말로를
겪지 않았을 것이라고 누가 장담할 것인가

산길 걸으며 만산홍엽 바라보며
내가 탐한 모든 것 산야에 내려놓으니
남이 갖지 못하고 나에게만 있는 것 너무나 많네
내가 바라던 모든 것 다 이루어졌다면
나는 지금보다 더 행복할까

권력을 얻고 억만장자까지 되었다면
지금처럼 단풍잎 지는 소리에서 삶의 희열을 보고
작은 칭찬에 감사하며
권세와 명리 앞에 당당하고 무소유의 거리에서
겸손할 수 있을까

나 이제 남들이 잘 알지 못하는 것 알았으니
어찌 은둔처사의 빈한에 남을 탓하랴

가장 자기다운 것이
가장 아름답다

아름답게 지는 것이 단풍뿐이랴
가을에 피는 꽃이 국화뿐이냐
코스모스 색깔이 흰색뿐인가
일년생 고추나무가 천년생 소나무를 시기 하더냐

눈 있는 자여,
들판을 보라 산을 보아라
크고 작고 잘 생기고 못 생기고 높고 낮음
구별 없이 제 각각 서고 앉은 자리에서
제 나름의 가장 고상하고 아름다운 것으로
꽃 피우고 잎 피우며
자기만의 향기 내뿜어 존재의 영광을 드러내고 있음을

재산으로 이름으로 신분으로 학벌로
소통의 길을 막아 아상에 집착하는 자들이여
들어라 저 소리를
참새와 까치가 황새와 비둘기가 제각각 제 나름의
가장 아름다운 목소리로 노래하는
평화의 메시지를

잡초에게

농부의 갈퀴에 이끌려
호박넝쿨 담쟁이 넝쿨 가랑잎과 어우러져
만추의 들판
한자락 불꽃으로 승천하는 이름 없는 잡초들

아름다운 이름 하나 지어 오가는 길목에서
불러만 달라고 그토록 애절하게 부탁한
조그만 소원하나 들어주지 못하고 떠나보내는
마음 너무 아프다

사르르 사르르 한 줌 화염으로 살갑게 피어오르는
너희들 춤사위가 혼백의 나래처럼 너울대고
티 없이 살다가는 불꽃 내음이
이토록 그윽하고 구수할 줄이야

내일 아침 들판에 찬 서리 내리면
이제는 할 일 없어진 허수아비 팔 하나 잘라
잿더미 속 사리 몇 점 찾아내어
내년 봄 피어오를 민초의 새싹으로
겨울이 갈 때까지 구름 속에 심어주마

배추의 다짐

머리에 서리꽃 모자 눌러쓴 배추들이
짚으로 허리 묶어 서로의 체온으로 체온을 덥히며
해 뜨기를 기다린다

핵폭탄 맞은 듯 새들새들 흩어져 널브러진
고구마 잎사귀들의 슬픈 주검 앞에
조사를 읽어줄 시간은 없다

아직도 노란 국화꽃 들길 수놓고
햇살의 애무가 정겨운데
인가의 김칫독으로 시집가기엔 때가 이르다

황량한 들녘 끝까지 지기는
의리의 파수꾼으로 남아
새봄으로 달리는 겨울 열차 희망호의
첫 손님이 되리라

하루가 쌓이면

의미 없는 하루가 흘러 한 달이 가고
급기야 단풍이 지고
일 년이 다 가는구나

이루어질 수 없는 것들을 위하여
모래 위에 집을 짓는 헛꿈에 빠져
분연히 다짐했던 칠전팔기가
팔전 팔패로 끝날 즈음엔 중천의 태양은
이미 석양으로 기울었더라

갈바람에 우수수 떨어지는
낙엽의 사주팔자는
火가 우세한데도 木生土로 떨어지니
상팔잔가 개팔잔가

의미 없는 하루하루가 쌓이고 보면
내 인생의 허름한 나이테에도
선명한 손금 하나 그려지려나

박 노인과 느티나무

잎사귀 다 떨어낸 경로당 뜨락 느티나무가
치매 걸린 노인처럼
우두커니 서 있다

요양원 이사 간 후 다시 돌아오지 못할
옛 친구 못 잊어
사무치는 그리움에 스스로를 잊어버린 것일까

오늘도 요양병원 찾아가 오전 시간 내내
아내와 함께 보내고 경로당 돌아온 박 노인
느티나무가 할멈 같고
할멈이 느티나무와 다르지 않아
느티나무 끌어안고
여보! 여보! 불러보지만 바람의 힘을 빌어
고개만 끄덕 끄덕

아내와 함께 먹다 손수건에 싸들고 온
따끈한 찐빵 오물오물 씹으며
제발 느티나무라도 좋으니
오래 오래 살아만 있어달라고
두 손 모아 빌어보는 박 노인
축 늘어진 어깨 위로 내리는
이슬 같은 빗방울이 너무 외롭다

낙엽의 동안거

단풍든 낙엽이
가벼운 몸짓으로 폴폴 귀토한다
떨어지는 모습도 아름답고
땅 위를 구르며 바스락 바스락 불러대는
이별의 송가마저 기쁨을 준다

새 봄에 솟아올라
여름 한 철 무성히 산 숲 이루어
오가는 길손에게 그늘로 보시하고
소슬한 가을바람에 열매 몇 개 맺어두고
미련 없이 떠나가는 성자의 모습
탐욕의 때 한 점 묻지 않은 향기뿐이네

귀토의 거름으로 썩어
겨울 가고 봄이 오면
나무의 뼈와 살로 부활한 육신
꽃으로 잎으로 다시 피려고

낙엽은 동안거의 겨울을
불생불멸 화두 삼아 용맹정진 하겠지

안개 낀 아침

안개 낀 아침 시계는 제로
고독한 나를 더욱 고독하게 만드는
벌방으로 유폐시킨 이슬의 공간이
이토록 아늑하고 따뜻하고 평화롭다니
전진하는 몸뚱이에 저항하지 아니하고
최소한의 빛으로 희망의 창구를 열어주는
물의 아량이 고맙다

물과 불이 붙으면 물이 불을 극하여
물의 승리가 상례임에도 머지않아 떠오를
태양의 대자대비 앞에 서면 최후의 만찬도 없이
눈을 감아버리는 희생의 제단에 서서
어찌 독방의 고독을 슬픔으로 토로할 것인가

안개 낀 아침에도 가랑잎은 구르고
계곡의 맑은 물은 낙엽을 태우고 갈
뱃길을 손질하며
세수를 마친 나목들이 화장을 위해
동터 오는 하늘 거울 앞으로 얼굴을 내미는데

대부도의 겨울바람

불현듯 겨울 바다 그리워져 서해 쪽으로 차를 몰았다
대부도 가는 길목 티 라이트 공원 부근에
잠시 승용차 세워두고 바닷길 걸어가는데
푸른 바다 물결 위로 부서져 내리는 석양의 은빛 살결에
취한 듯 활강하는 갈매기 날갯짓이 왜 저리도 외로워 보일까
수평선 저 너머에서 날 향해 서서히 다가오는 돌섬 같은 것들은
고기잡이 배인가 유람선인가
코트 깃 세우고 바다의 끝자락 궁금하여 흐린 눈 손으로 닦으며
두리번거리니 끝 모를 바다는 쉼 없이 돌아가는 풍차를 손짓하며
무명한 인간이 너무 많은 것을 알려고 하지 말란다
바람 같은 마음 잡을 길 없어 대부도 바닷가 솔펜션 들어가
방 하나 잡아 놓고
바다 낚시터 들어가 입어료 6만원이나 내고 겨울 찬바람에
고기와 싸움질이나 하는 태공들의 말 못할 사연이라도 물어볼까 하다가
그 또한 남의 인생에 간섭하는 것으로 여겨지는지라
화난 듯 죄 없는 조개들 숯불로 화형시켜 소줏 잔 기울이며
노년의 설움 달래보는데
강남 스타일 케이팝 스타일로 노래하고 춤추는 선남선녀들

나에게도 저런 한 때가 있었던가?
박 노인은 구구팔팔 이삼사로 생을 마감하고 싶다하고
최 노인은 일하다가 신발 신은 채 가겠다고 하는데
서해바다 대부도 조개 몇 개 구워먹고 솔펜션 젊은이들
한 바탕 노는 모습 구경하고 나니
운동화 신은 채 노래하고 춤추다가 떠나고 싶어지네
서해바다 대부도 겨울바람처럼

최후의 만찬

담장 밑 쑥들이 옹기종기 모여 앉아
초겨울 태양이 피어놓은 모닥불 쬐면서
계절이 슬어놓은 최후의 만찬을 즐기고 있다
구르는 가랑잎에 초점 맞추어 영정사진 찍으며
구름에 새겨 눈꽃 속에 세워 둘
묘지명 한 구절씩 외우기에 바쁘다

봄의 선두주자로 달려온 지구별 여행길
낙오 없이 완주한 청춘 마라톤 즐거웠다고
쾌재를 부르며
후회 없는 일생으로 일단 한생을 마감하기로 의견을
모으나 보다

하지만,
간다고 아주 가나
잠시 뿌리로 돌아가 아름다운 꿈꾸며 월동을 한 후
명년 춘삼월 봄바람 불면
다시 솟아나오자고 만장일치 다짐한 후

어깨 부딪치고 손뼉 치며
술잔 높이 들고 위하여! 위하여!
축배를 든다

단풍에게

핏줄 끊어진 잎새
미련 없이 나뭇가지 떠나는 모습 아름답다
시든 잎의 추레한 모습으로 가지에 매달려
무용의 부활을 시도한다면
회색빛 동산이 얼마나 무미건조하겠느냐

초동의 산야에도 햇살이 곱고
난풍을 입고 길 바람의 옷자락은
천사의 치마폭처럼 넓고 아늑하다

임종의 의식이
티 없이 살다간 성자의 다비보다
더욱 붉게 빛나는 것은
죄 없이 살다가는 순진무구의 과보이거나
정의로운 신의 상장임이 분명해 보인다

잘 가라 단풍이여,
너희들 그 향기로운 삶과 고결한 죽음 앞에
맨손으로 흔드는 만장 펄럭이며
축하를 보낸다

동안거의 겨울 내내
너희들 발자취 더듬으며
황량한 산야의 거리에서
탐욕의 피가 단풍처럼 마를 때까지
용맹정진 하리라

철 지난 넝쿨장미

철 지난 넝쿨장미 박제된 고양이 모습으로
학교 담장 철조망 사이 누워있다
아무도 거들떠보지 않는 쭈글쭈글한 모습에서
오월 여왕의 도도한 아름다움을 찾기란 쉽지 않다
새벽잠에서 깨어난 된서리가 냉기 어린 방뇨로
모욕의 언사를 퍼 부어도
자존감을 상실한 순종의 관성은 희망 없는 삶의
비굴한 끈을 놓지 못한다
시든 꽃이라고 상처의 아픔이 없으랴만
거주이전의 자유를 빼앗긴 권리의 사각지대에서
벗어날 길도
상처를 아물게 할 약도 찾을 수 없다

요양병원 병동에는
떨어져야할 때 떨어지지 못해 시들어버린
넝쿨장미들이 주렁주렁 달려있다

아토피

된서리 맞은 지표의 흙들이
아토피를 앓고 있습니다
사람의 발길에 쉼 없이 혹사당한 피부에
염증이 생긴 것입니다
하얗게 내린 서리약 바른 땅의 살갗들이
토해내는 신음소리가 애절하게 들립니다

마음 한켠에 노상 가려움증을 품고
살다가신 누님의
외로운 눈물 자국이 보입니다

나무의 자궁은 겨울에도 뜨겁다

찬바람 부는 겨울에도
나무뿌리에 귀 기울이면
사랑의 속삭임을 들을 수 있다

뿌리에 달린 나무의 자궁에
새 생명이 잉태하면
임부의 나무들은
태양의 경전을 읽으며 태교를 한다

눈보라 몰아쳐도
태아의 자궁은 뜨겁다

몸통과 가지는
입춘의 훈풍이 불 때까지
새 생명의 탄생을 위해 헐벗은 몸으로
눈보라의 고통을 견뎌야 한다

인간의 어머니들이 그러했듯이

달뜨는 언덕에서

모래와 물을 비벼 인절미를 만들고
나무의 목을 잘라 모닥불을 피우던 태양이
밤의 문지기로 달을 불러 띄워놓고
산 너머 유택으로 잠자러 간다

석양의 나루터에서
하늘과 땅이 입맞춤하니
잡풀의 몸뚱이로 지녁밥을 먹던
겨울 산 나무들이 잠시 숟가락 놓은 채
낮과 밤의 교차점에서
이별과 만남의 노래를 섞어 부른다

공전하며 자전하는
지구의 한 귀퉁이
양과 음이 교대하는 길목에 서서
어디로 돌아갈지 몰라 머리가 어지럽다

제2부

피리 부는 언덕에서

가슴이 터질듯 갑갑해지면
바다로 간다
슬픔이 밀물처럼 밀려오는 날에는
산으로 간다
외로움이 달빛처럼 창문을 두드리면
금강경을 읽는다
그리움이 강물처럼 흐르는 밤이면
소주를 마신다
후회가 출구조차 안 보이는 동굴처럼
생의 이정표를 어둠으로 물들이면
죽은 개의 뼈를 씹으며
길을 찾는다
인생의 허무가 눈물샘을 자극할 때면
피리 부는 언덕에서
구름을 본다
그럭저럭 살다보면 세월이 가고
세월이 흘러가면
나도 가리라

겨울의 탁수를 보며

계곡 맑은 물이 흙을 탐하여
구정물이 되었으니
강으로 흐르지 못하고 불을 끌 힘마저 잃었다
허리 꺾인 소나무가 흙을 이기지 못하니
어찌 모닥불인들 지필 수 있으랴

글 쓰는 선비들이
권력을 탐하고 논에 취하여
용비어천가만 불러대니
어찌 아름다운 문학이 꽃 필 수 있겠는가

고기 맛을 본 수행자가
고스톱으로 참선을 하니
어찌 깨달음의 문이 열리겠는가

한파를 녹이고 어둠을 밝히는
겨울의 태양 아래 몸을 말리는
잡초의 인내로 봄을 기다린다

우수 뒤엔 경칩이

한풍이 귓전을 때리고
폴 폴 내리는 눈발에 젖은 몸
웅크리고 서 있어도
나무들이 가지 치켜세워 눈꽃 피워 올리는 것은
새봄의 희망을 잃지 않았기 때문이다

강아지들이 맨발로
눈 내리는 벌판을 뛰어다니며
어미개의 사랑을 흉내 내는 것은
새봄이 와서 강물이 풀리면
저희들도 짝짓기를 할 수 있음을 알기 때문이다

퇴행성관절염을 앓는 김 노인이
지팡이의 힘을 빌어 바람 부는 거리에서
허 허 허 웃을 수 있는 것은
이승 하직하고 저승 문 들어서는 날
지팡이가 필요 없는 새 다리를
얻을 수 있음을 믿기 때문이다

개구리가 돌팍 밑에서
숙면을 취할 수 있는 것이
입춘 우수 지나면 경칩이 온다는 것을
알고 있기 때문이듯이

설화(雪花)의 눈물

눈 덮인 산길로 발걸음 옮기니
발밑에서 울려오는 뽀드득 뽀드득
눈의 숨소리

설화 핀 산야에 햇살 퍼지니
눈물 되어 떨어지는 설국의 영화들
순백의 영토 위에
내고의 징적 같은 평화가 흐르는데
밥 찾아 헤매던 산림 공화국의 백성들은
다 어디로 갔나

눈 위에 찍어놓은 도망자의 흔적 따라
찾아가 보면
고라니 일가의 잔칫상이라도
구경하려나

하늘 땅 산과 들이 티 없이 맑고 밝은
한마음 백색인데
열기를 더해가는 정오의 햇살에
난 분분 스러지는 설화의 눈물이
떠나가는 인생처럼 너무나 서럽구나

눈꽃의 생멸

소나무가 가지 뻗지 않았다면
눈꽃이 저토록
아름답게 개화하지 못했으리라

햇살이 눈꽃의 귓전에서
은빛 사랑의 언어로 속삭여주지 않았다면
벌 나비도 찾아들지 않는 겨울꽃의 마음이
무척이나 외로웠을 것이다

소나무 가지들이
떨어지는 눈꽃을 놓아주지 않았다면
미련 없이 사라지는 낙화의 눈물이
저토록 고요할 순 없었으리라

지저귀는 산새의 노랫소리가 없었다면
나는 설국의 오솔길에 외로이 서서
무상한 세상사 서러워
목 놓아 울고 말았을 것이다

아프지 않은 인생이 어디 있는가

겨울나무들이 움직임을 멈춘 건 아니다
겉보기에 태연자약 하다고
배고픔을 모르겠느냐
북풍한설에
고독과 추위를 느끼지 않겠느냐

얼어 죽지 않으려고 하늘로 날 세워
태양빛 빨아 삼키는
우듬지의 처절한 몸부림을 보라
땅 속 용광로에 불 지펴
가늘고 메마른 핏줄 속으로 온수 퍼 올리는
뿌리의 사투가 들리지 않는가

살아 있는 것은 아픈 것이고
살아간다는 것은
희망의 밧줄로 고통의 강물을
즐거움의 먹을거리로 발효시키는
된장국 끓이기다

사람들이 부르는 노랫소리가
새들의 울음보다 곱다고해서
즐거운 세상만을 꿈꾸지 말자
아픔 없는 인생이 어디 있는가

봄을 부르는 겨울비

추적추적 내리는 겨울비가
적설의 등을 두드리며 함께 강물로 흘러가자고
속삭입니다

비닐하우스의 천정을 두드리는 빗방울 소리가
건반 위를 구르는 피아노 소리처럼
은은하게 들립니다

웅덩이 속으로 들어와
목욕재계하고 햇볕 기다리는 소나무 가지들이
숨었다 나타났다
숨바꼭질을 합니다

빗속을 뚫고 숲길을 돌아 허공으로 흩어지는
산사의 독경소리에
봄의 도래를 갈망하는
중생의 염원이 담겨 있습니다

겨울을 업고 가는 겨울비가
봄을 부르며
지구의 수레바퀴를 돌리고 있습니다

사람들이 숨 가쁘게
생사의 궤도를 순환하고 있습니다

눈꽃과 서리꽃

눈꽃 지고나니 서리꽃 피었네
눈꽃이 화사한 청춘의 만개한 꽃이라면
서리꽃은
고독한 영혼의 수줍은 꽃이다
눈꽃이 휘늘어진 소나무 가지 위에
피어나는 귀족의 꽃이라면
서리꽃은
시든 잔디의 머리칼 위에도 솟아나는
민초의 꽃이다
눈꽃의 눈물은 개울물 타고 흘러 강물이 되지만
서리꽃의 눈물은
메마른 토양의 가슴을 적셔주는 위로의 술잔이 된다
눈꽃이 피고 지면
망해버린 왕조의 궁궐이 생각나고
서리꽃이 피고 질 땐
피어보지 못하고 사라져 간
옛 친구가 떠오른다

쇠하는 것들은 죄다 슬픈 것인가

자고 나면 다시 떠오를 태양인데도
지는 해 바라보면 눈물이 난다
봄이 오면 다시 새 잎 돋아날 나뭇가지들인데도
한천 나목 바라보면
독거노인 외로운 밤 떠올라 가슴 저리다

참새들 쫓아버린 저수지 얼음장도
갈라질 땐 서럽더라
겨울 하늘 찬 달도 떠오를 땐 힘이 좋아
밤하늘이 즐겁지만
새벽 닭 울고 나면 어디로 갈까

흥망성쇠 생사가 돌고 도는 것임에도
사람들은 너 나 없이
흥과 생만 좋아하고 사와 쇠를 싫어하니
지는 해 슬픈 마음 무엇으로 풀 것인가

나를 지켜온 것은

궁핍에 감사한다
적당한 궁핍은 타락의 심연으로 빠져 들어가는
내 영혼을 깨우는 각성제였다
어둠의 골짜기에서 길을 잃고 헤맬 때
갈 길을 인도하는 스승이었다

신이 나의 통장에
예금 잔고를 남겨두시 않은 것은
악의 전장으로 향하는 내 손에서
총을 빼앗는 것이었다

분노의 강을 건너지 못한 나에게
권력을 주지 않은 것은
나의 목숨을 복수의 칼날에 다치지 않게 하려는
자비로운 신의 배려였다

아상 버리지 못한 나에게
명예를 주지 않은 것은
인기의 바람이 불고 간 쓸쓸한 뒤란에서
홀로 우는 장미꽃의 삶보다는
산야의 잡초처럼 흔들릴지라도
더불어 살아가는 삶이 보다 지혜로운 것임을
가르치기 위함이었다

적당한 궁핍에 감사한다
이날까지 나를 지켜온 것은 궁핍이었다

겨울밤 빈 하늘에

한나절 햇살 앞에 알몸 드러낸
백설의 모습이
창부의 요염한 웃음이라면
구름 한 점 깔리지 않은 밤하늘 달빛 아래
소복 입은 흰 눈의 자태는
수절 과부의 청초한 눈물이다

뽀드득 뽀드득 흰 눈 밟으며
명상에 잠겨 걸어가는 밤 길
전봇대 매달린 가로등 불빛이
달빛이 만들어 준 그림자를 지우고
반갑다 다가서며 상념을 깨운다

달빛 별빛 전등불빛 눈빛으로 어우러진
겨울밤 설경이
천국의 그림처럼 아름답지만
허전한 마음 속 빈자리
웃음이나 눈물이나 그 무엇으로도
채울 수 없어

겨울밤 빈 하늘에 쓴 술 한잔 올린다
슬픈 마음 위로하며 대작하자고

살아있는 존재는 죄다 고독하다

겨울나무들도 고독이 싫어
햇살 불러들여 스킨십을 하고
설한풍 끌어안고 탱고를 추며
청설모 발바닥으로 안마를 한다

푸른 하늘 함께 이고 나란히 서서
백년 천년 세월 동안 이웃으로 살아도
따로 노는 마음 인고 가는 길은
언제나 외로운 나 홀로 길

서산으로 넘어간 해
동산으로 다시 떠오르고
개울물 얼음 풀리어
물푸레나무 가지에 움이 튼다하더라도
태어남도 죽음도 고독의 원인인데
이를 어찌 기뻐만 할 것인가

잠 못 들어 외로운 밤
드르릉 드르릉
고장 난 냉장고 코 고는 소리가
자장가 소리로 들린다는
독거노인 김 할아버지 독백이
겨울 산 나무처럼 마음 아프다

포장마차 인생들

고층 대형빌딩 앞
빈곤의 자유가 규제되지 않는
자본의 거리에서
찬바람에 피리 부는 포장마차 비닐 천막 안
흐르는 콧물 손등으로 닦아가며
소주잔 기울이는 일용노동자들

연탄불은 제 몸 태워 언 손 녹여주고
어묵 끓인 국물은 술기운과 어우러져
기름기 없는 창자에 불을 지핀다
석쇠 위 돼지 곱창 타는 냄새는
낯익은 옛 친구의 못 생긴 얼굴이다

서 있는 주인이나
앉아 있는 나그네나
바람 부는 거리의 낙엽 같은 인생이지만
동병상련의 포근한 분위기로
추락한 가장의 기를 살려서
큰 기침 내 지르며 귀가를 서두른다

생을 포기하지 않음은

겨울 산 초목들이 얼어 죽지 않음은
봄을 기다리는 꿈이 있기 때문이다
말없이 서 있어도
바람 부는 대로 흔들리고 있는 것만은 아니다

뿌리는 가마솥
빗물 눈물 퍼 담아 태양불로 끓여서
가지마다 우듬지 정수리까지
더운 피를 돌린다

유배된 땅
욕심 내려놓은 산림처사라고
불안 초조 긴장 분노가 없겠느냐
사는 것이 갈등의 연속인데
스트레스가 없겠느냐

산야의 초목들이
한 곳에 머물러 있다고
무념무상 무위 무기력한 것만은 아니다
새들이 노래하면 즐거워 따라 웃고
낙엽이 썩어 가면 슬퍼서 함께 운다

인생의 목숨이 호흡 간에 머문다 해도
생을 포기하지 않음은
내생의 꿈이 있기 때문이다

설경을 보며

그대 우울한 벗이여,
암울한 방문 박차고 이리로 오라
그대가 싫어하는 겨울 없다면
이 아름다운 설경을 어찌 볼 것인가
저 은빛 눈가루 위로 알알이 부서져 내리는
햇살의 따스한 입김에
팔각정 추녀 끝 고드름도 뭉쳤던 한을 풀고
한 줄기 물방울로 포근한 안식의 땅속으로
스며들고 있구나

티끌 한 점 없이 말갛게 세수한
하늘을 보자

빼앗긴 것은 주었다 생각하고
얻지 못한 것들은 버렸다고 생각하는 것이
하늘의 마음이다
가진 것 없으나 당당하고
약자 앞에 군림하지 않는 것이 허공의 모습이다
세인의 평판에 휘둘리지 말라며
허공중의 하늘이
순백의 법석에서 설법을 한다

벗이여,
아름다운 설경이 너를 부른다
좌절의 늪을 빠져나와 이리로 오라
분노의 강을 건너 이리로 오라

내가 꽃이 된다면

겨울 날 산야의 초목들이 웅크리고 있다고
마냥 쉬고 있는 건 아니다
돌팍 밑 개구리가 눈 감고 있다고
잠만 자고 있는 건 아니다
한 송이 봄꽃이라도 아름답게 피우기 위해
초목들은
뿌리와 줄기 가지들이 암중모색하며
달빛 아래서 회의를 거듭하고
봄날 빛나는 연주회를 위해
개구리는
꿈속에서도 아름다운 목소리 가다듬어
노래 연습을 할 것이다

봄이 오면 사람들은
꽃이 좋아 산으로 가고
개구리 소리 따라 물 보러 갈 것인데
봄바람 불어올 때
날 찾아오는 사람 몇이나 될까
봄날의 우리 집 문전이 외롭지 않으려면
내가 꽃이 되고 노래가 되어야 하는데
나는 지금 여기서
뭘 하고 있는가
겨울이 이삿짐 꾸릴 채비를 서두르는데

사랑하는 마음으로

사랑하는 사람아
그대와 내가 잡은 손
겨울 산 나뭇가지처럼 차갑고 딱딱하지 않게
사랑의 기로 데워 뜨겁게 하자

마주보며 부딪치는 눈빛
별처럼 빛나게 반짝여 보자
우리들 가슴 속에 사랑을 담을 것이 아니라
차라리 사랑의 열탕 속으로 가슴을 묻어버리자

흘러간 지난날은
기억 속에 남아 있는 추억의 흔적이고
내일은 알 수 없는 상상 속의 시간이며
영원한 사랑이 없다지만
눈빛 마주보며 손잡고 서 있는 지금 여기
이 순간이 영원이 아니더냐

부귀영화가 우리를 구속할 수 없고
죽음을 초월하니
죽음으로부터도 자유로워진
우리들이 아니더냐

그대, 사랑하는 사람아
사랑하는 마음으로 심장의 피를 데워
손끝까지 뜨거워진 열정의 기를 모아
손과 손을 흔들자
순간을 영원처럼 불멸의 사랑으로
악수를 하자

여래장 내 마음이

구름에 세면하고 햇살로 분장한
하늘의 모습은 청정법신비로자나불
하늘이 쏟아버린 세수그릇 비눗물이
소나무 가지 끝에 눈꽃으로 피어나니
원만보신노사나불이고

눈꽃이 녹아서 개울물로 흘러서
논밭으로 스며들고
강물 되어 노래하며 땅 끝까지 나투시니
천백억 화신불이다

눈으로 보거나 음성으로 들을 수 없고
형상으로도 알 수 없이
여여히 왔다가 여여히 가신 분
어디로 가서 어떻게 만나볼 수 있을 것인가

눈을 들어라
하늘 한 번 바라보고 땅 한 번 바라보며
바로 보고 바로 알아 깨닫고 보면
존재하는 모든 것이 여래 아닌 것 없고
여래장 본마음이 본래
청정법신인 것을

병원 다녀오는 날은

석 달에 한 번 병원 가는 날은
입에 산소 호흡기 물고 링거 병 매단
주사바늘 팔뚝에 꽂고 눈 감은 채 누워있는 환자의
침대차 밀고 검사실 들어가는
가족들과 간호사를 볼 때가 많다

침대차가 저승길로 미끄러져 흘러가는
여객선으로 보이고
백의의 천사는 저승사자로
가족들은 힘겹게 배를 밀고 노질하는
사공으로 보인다
인생의 마지막 가는 길이
왜 이리도 괴롭고 슬퍼보일까

금년 한해에도 이름깨나 알려진 사람들이
많이 죽었다
기라성 같은 자들이 기라성처럼 빛나게
떨어지지 못하고
범부중생과 다름없이 괴롭게 죽었다

신의 평등이 죽음의 순간만큼은
절대적이란 사실이
노숙자들에겐 위안이 된다지만
신은 왜 그가 만든 피조물의 최후를
고통의 극치로 비참하게 하는 것일까

석 달에 한 번 병원 다녀오는 날은
신의 뜻을 알 수 없고
인생이 괴로워 죽을 맛이다

겨울에 피는 꽃

이 세상 가장 아름다운 꽃은
겨울에 피는 눈꽃이다
만산 나무들이 힘 모아 함께 피워 올리는 꽃
들녘 허수아비 낡은 옷자락 위에도
할 일 없는 원두막 지붕 위에도 피어나는 꽃

순결무구한 백색 꽃가루는
죄 없이 창조된 마음의 원형이다

눈꽃 핀 길 걸어갈 때
마음이 잔잔해지고 미움이 사라지며
그리움이 꽃처럼 피어나는 것은
순수한 마음의 고향에 대한 향수 때문이리라

지조 높은 선비는 칼바람에 더욱 강하다
눈꽃을 녹이는 것은
찬바람이 아니라 부드러운 햇살이듯
선지자와 예언자는
평화로운 세상에선 존재를 감춘다

눈꽃 핀 날에는 나도 도인이 된다

떠나가는 세월이

무변 허공 일월은 그대로인데
나에게 허여된 세월의 덩치가
햇살 앞에 선
고드름처럼 야금야금 줄어든다

떨어지지 못한 굴참나무 잎사귀
사이사이 비집고
불고 가는 겨울바람 올라앉아
사각사각 몸 비비며 세월 지나가는 소리

잔설이 녹으면 봄 손님이 온다면서
산정의 나무들이 뿌리의 기를 모아
땅 속 용광로에
부글부글 해장국 끓이는 소리

가는 세월 배웅하고 나는 남아서
오는 세월 마중하며
오가는 세월의 이정표가 되고 싶은데
떠나가는 세월이
나를 안고 흘러가네

동지섣달 지는 해가

서산 낙조 지는 해가 저다지도 붉은데
동지섣달 하루해가 왜 이리도 짧으냐
인생의 말년이 왜 이리도 서러우냐

한천의 기러기는 빈 하늘이 즐겁고
소나무 마른 풀은 겨울에도 푸르며
지조 높은 대나무는 먹을 것이 없어도
더러운 양식으로 빈 배 채우지 아니한다

짝 잃은 고라니가 산허리를 헤매며
길을 물어도 대답도 없이
까치들은 깍 깍 깍
타는 노을 등불 삼아 둥지 찾아 날아간다

해가 지면 밤이 오고 밤이 오면 달이 뜨고
달이 뜨면
달빛 속에 묻어둔 사랑의 추억들이
별빛처럼 빛날 것인데

동지섣달 지는 해가 영원한 이별인양
정 없는 사람들을
왜 이리도 눈물 나게 만드느냐?

행복도 괴로움도 구름 같은 것

내 마음의 물통에 가득했던 구정물
다 비워버리고 정화수 갈아 넣으니
우주 만상 여여한 모습들이
거울처럼 비치네

흰 구름은 거침없이 훨훨 허공중에 떠돌고
햇살이 바람과 얼싸안고
천지간을 분탕질해도
무애 자재한 사랑의 뒤란에는
흔적조차 남지않네

행복의 그림자가 고통이라면
고통의 그림자도 행복이리니
좋은 일 생겼다고 우쭐대지 말고
괴로운 일 생겼다고 울지만 말자
행복도 괴로움도 구름 같은 것

부질없는 욕망 다 내려놓으니
내 마음도 훨훨
구름처럼 자유롭고
바람 타고 노니는 햇살처럼 가볍네

여래를 보고 싶으면

익명의 그늘에 숨어 가없는 사이버 공간으로
모습 드러내지 않고 소리도 없이
마음 한 가닥 풀어놓으면
나이와 직업 성별까지 제 각각 판단하여
댓글 달아주는데

오늘은 스무 살 처녀가
나의 연애시 한 구절에 감동 먹었다면서
만나자 한다
팔십 노인이라고 나의 정체 그대로 밝히면
기절초풍하고 쓰러지겠지
처녀의 순정에 침묵하기도 그렇고
어쩐다?

금강경 사구게 한 구절
댓글의 답글로 적어 보냈다
약이색견아 이음성구아 시인행사도 불능견여래
색으로나 음성으로나 여래를 보려고 하지 마라
이런 자는 사도를 행함이니
여래를 볼 수 없으리라
7학년 9반 여래장 보살 올림

그리 알고
진실로 여래를 만나고 싶으면
만나도 좋다

생명의 신비

겨울 동산 벚나무 가지 꺾어
돋보기안경 끼고 들여다보아도
벚꽃 한 잎 찾을 수 없는데
우수 경칩 지나서 개구리가 잠을 깨고
봄바람 불어오면
벚나무 가지 끝에 벚꽃이 피리라

어디에 숨었다가 튀어나오는 걸까
땅 속 뿌리가 겨울 내내
가마솥에 물 끓여 만들어낸 것일까
벚꽃의 아뢰아식 저장소는 뿌리란 말인가

그래,
因이 果로 돌아오려면 緣을 만나야하고
기다림의 언덕을 넘어야 하겠지
눈으로 볼 수 없는 벚꽃의 씨앗이
한 그루 벚나무 속에 저장되어
때 되면 움터 나오는 생명의 신비!

나의 봄을 위하여
아뢰아식 한 복판에 꽃처럼 아름다운
인의 씨를 심어야지
그리고 담담하게 기다려야지
찬란한 봄 빛나는 꽃을

하객 품앗이

노년 외로움 달래기 위해
몇 군데 모임에 얼굴 내밀어 보았다
몇 달 지나면 어김없이 날아드는 결혼 청첩장
가야하나? 말아야 하나?
이제는 시집장가 보낼 아들딸도 없는데…
아름답고 고상한 모임의 이름과는 달리
결혼식 품앗이용 단체였단 말인가

청중의 숫자로 표가 오가고
수강생 숫자로 강사의 실력이 평가되고
하객의 머리수로 혼주의 덕성이 결정 되며
양이 질을 능가하고,
비 본질이 본질을 압도하는
양적민주주의 세상에서
결혼식 품앗이를
마냥 욕할 수만은 없다고 하자

오늘도 김 노인은
자시 결혼식 날 하객 품 갚기 위해
목욕탕 들러서 이발소 다녀온 후
결혼식 뷔페식당 밥 먹으러 간단다

아들딸들아
나 죽을 때 조용히 가고 싶으니
장례식 품앗이는 하지 말거라

또 다른 나의 외침

전동차 유리창에 비치는 일그러진 자화상
달려가는 인생여정
노병사의 그늘이 어둡다

즐거웠든 일이든
괴로웠던 일이든
지나간 것을 생각해서 무엇하리
이제는 모든 것 받아들이고 놓아야할 때

찬바람이 싫어도 겨울을 어찌하리
거역할 수 없는 운명이라면
차라리 즐겁게 마중해야지

나의 얄궂은 인생도 어느 걸레 스님처럼
괜히 왔다 가는 걸까?
그래,
나도 우물쭈물하다가 이리 될 줄
알았다고나 할까?

전동차 유리창 너머 또 다른 내가
험상궂은 얼굴을 하고
이놈아, 그래도 아직
욕망의 보따리 내 던지지 못하겠느냐고
야단을 친다

행복한 바보

사이버 공간에 글 몇 줄 올리고 나면
조회 수와 댓글에 관심이 간다
늘어나는 조회 수와 칭찬의 댓글에
기분 좋아지는 것은 당연지사이겠지만
비판의 말에 흥분하는 것은
중생심에 사로잡힌 속물근성의 발로이리라

얻으려는 마음이 크면 번뇌도 커지는 법
칭찬 받으려 집착함도 번뇌의 씨앗
세인의 평판에 스스로를 옭아매는
자승자박을 하지말자
산정의 나무는
하늘이 눈꽃을 피우거나 말거나
바람과 햇살이 눈꽃을 지우거나 말거나
여여부동인데

하룻밤 자고나면
장수 넘어가 눈에 보이지도 않을
한 장 백지 속의
댓글 몇 줄에 일희일비 한단 말인가

찬바람 불면 방안에서 히 히 히
햇살 따스해지면 양지바른 산비탈에서
허 허 허
이래도 호 호 호
저래도 하 한 하
행복한 바보로 살아가야지

태양과 나의 사랑

보고 싶은 사람 만나도 함께 오래 있으면
지루하고 귀찮을 때 있지만
못 보면 그리워질 때가 있고
군중 속에 있어도 외로울 때가 있고
홀로 있어도 외롭지 않을 때가 있는 것은
변덕스러운 마음의 장난 때문이리라

내가 사랑하는 태양은
언제보아도 반갑고 싫증나지 않는다
태양과 나의 사랑에는 질투가 없다
태양빛이
포악한 독재자의 지붕 위로나
노숙자의 헝클어진 머리칼 위로나
차별 없이 내린다 해도
나는 그 빛을 가로막지 않으며

내가 암울한 골방에서 마귀와 더불어
헛된 모의를 하다가 광명의 거리로
돌아오는 날에도
태양은 그의 빛을 아끼지 않는다
태양의 자비에는 질투가 없다
함께 있어도 지루하지 않고
떨어져 있어도 변심을 의심하지 않는
나와 태양의 사랑 앞에
어찌 우울과 고독 미움이 발붙일 수 있으랴

태양이여
축배를 들자
우리들의 사랑을 위하여!

마음의 거울

내 마음은 거울
거울은 비추기 위해서 존재하는 것
어찌 착하고 아름다운 것만
내 앞을 지나가라 하겠는가

때 묻은 거울은 비출 수가 없나니
창공이 구름을 밀어내듯 닦아야 하리

번뇌와 망상이 탐욕의 안경을 끼고
유리벽 마음 창에 색칠을 하면
때 묻은 거울 앞엔 가상의 신기루가
난분분 공화처럼 흩날리리라

내 마음 본래가 청정법신 하늘인데
이해를 따지고 유 불리 가늠하여
좋은 것만 취하고 싫은 것에 눈 감으니
때 묻은 이 거울을 무엇으로 닦을까

내 마음의 모텔

내 마음의 모텔에는
밤낮 없이 손님이 찾아든다
자비 사랑 용서 긍휼이
성성적적한 도인의 모습으로
문을 두드리기도 하고
분노 미움 시기 뉘우침이
흉포한 악마의 옷을 입고 나타나기도 한다

이따금 문을 걸어 잠근 새벽녘에도
꿈의 지하도를 뚫고 들어와
돌이킬 수 없는
지난날의 영사기를 틀어놓고
오늘의 행복을 날라고
떼를 쓰는 무뢰한이 있는가 하면
알 수 없는 미래의
설계도를 펴 보이며 감언이설을 농하는
사기꾼의 아류도 있다

내 마음의 모텔은
오는 손님 막지 않고
떠나는 손님 붙잡지 아니한다
내 마음의 모텔은 인생이 바다이고
마음이란
온갖 것 싣고 바다로 흘러가야 할
강물임을 알기 때문이다

금주 맹세

욕망의 거리에서
번민이 찾아오면 담배를 피웠고
여인이 생각나면 술을 마셨다
몸뚱이를 움직이게 하는 것은 언제나
이성에 터 잡은 의지의 명령이 아니라
중독된 습관이었다

망상이 스며들면
허공을 응시하며 묵상을 하고
갈애가 들끓으면
바람 따라 십만 리 구름 따라 천만리
새 습을 익히는데
인생의 전성기가 다 떠내려갔다

아직도
안주를 보면 술 생각이 나고
술을 보면 안주 생각이 나며
똥을 담은 가죽 포대의 색깔로
미추를 판단하는 습의 잔재는
얼마나 많은 새 습관의 축적이 있어야
없어질 것인가

제구포신이라 했든가
헌 것 버리고 새 것으로 채우자
습관이 업이 되고
업이 육도 윤회를 한다는데
낡은 차 버리고 새 차 타는 날

새 하늘 새 땅에서
새 사람이 되어야지

불변의 행복은 불행

사람이 천년을 산다면
사는 것도 지루하여 죽고 싶을까
만년 세월을 더 살고 싶을까
행복도 오래되면 시들해진다는데
천국에도 오래 머물다보면
이따금 지옥이 그리워질 때도 있지 않을까

제왕의 보좌도 오래 앉아 있으면
가시방석이든가
임금들도 심심하면 전장으로 진군하여
싸우다 죽고
하느님도 무료하면
피조물의 둥지를 분탕질한다

따분한 일상의 늘어진 핏줄 속으로
뜨거워진 열정의 피를 돌리자
가지 찢고 올라오는 봄꽃의 신비로
게을러진 타성의 사슬을 끊자

생로병사를 괴로워만 하지 말고
생주이멸을 슬퍼만 하지 말자
불변의 행복 또한 불행이리니
무상한 세월이 기쁘지 아니한가

꽃으로 피어올라

삼라만상이 나를 에워싸고 울타리 치더라도
그것이 허상인 줄 알아차린다면
내 마음 훨훨 하늘 나는 새처럼
마음의 감옥에 묶이지 않으련만

버리지 못한 갈애의 집착으로
자승자박의 철창 속에 갇혀버린
형극의 죄수로다

풀잎에 맺힌 이슬이 잡은 손 내려놓고
아래로 뛰어내리면
강물로 흘러흘러 바다가 될 것이고
상수리나무 가지들도 잎사귀를 떨어내야
겨울 찬바람에 눈꽃을 피우리라

어둔 밤 길가에 떨어진 새끼를
뱀이라 착각하여 놀라지 말고
어둠을 밝히는 지혜의 등불을 켜자

봄꽃이 곱다고 산과 들이 피어올린
꽃구경만 가지 말고
봄이 오는 길이만큼 더 늙어버린 우리들도
보기 좋고 향기로운 꽃으로 피어올라
자유로운 마음밭의 아름다운 정원으로
꽃구경 좀 오게 하자

노송의 득도

동지 지나 하루하루 길어진 해의 꼬리가
먼 산 잔설에게 봄의 도래를 통고해도
우수 경칩이라도 지나야
이삿짐을 꾸릴 모양이다

불면이 괴로운 노인에게
밤의 길이가 짧아지는 계절의 숨바꼭질이
희소식이기는 하나
내 인생 그림자의 꼬리가 점점 길어지고
남은 여정의 길이가 점점 줄어든다는 것을
마냥 기뻐할 일만은 아니다

조춘의 햇살이 얼음장을 갈라서
저수지 고기들이 푸른 하늘 본다 해도
태공들 몰려드는 봄날의 잉어들이
행복한 것만은 아니다

밝음이 있으면 어둠이 있고
슬픔이 있으면 기쁨도 있으리니
천년 노송이 해의 꼬리가 길어지고
밤의 길이가 짧아져도 일희일비 하지 않음은

오는 것이 있으면
가는 것도 있음을 알기 때문이리라

살아 있음에 감사해야지

설산 찬바람에 허기진 멧돼지가
목숨 걸어놓고 인가의 곳간을 넘보는데
소나무 가지 끝 솔방울 속 말라버린
솔 씨 한 알에도 참새는 배부르네

산초나무 가지에도 햇살은 밝고
눈 내리고 바람 불어 강물 풀리면
물푸레나무 동무하여 봄이 오는데
소나무 전나무가 부러울 게 무엇이냐

죽어버린 고래는 파도가 그리워도
헤엄칠 수 없지만
살아있는 연어는 뱃속에 알을 품고
강물 거슬러 고향 찾아 간다네

인연 따라 찾아온 아름다운 이 산하
만나면 헤어져야할 정든 사람들
크다 작다 구별 말고 오늘 여기 이 순간
살아 있음에 감사해야지

지나가면 잊히는 것인데

모든 것 다 지나가는데
죽기는 왜 죽어 사라져간 친구야
칭찬도 비난도
풀잎에 매달렸다 한 줌 햇살에 스러지는
아침 이슬 같은 것인데

연못가 소나무에 둥지 튼 황새가
무엇이 궁금한지
모가지 길게 빼고 선정에 들었다가
전생도 내생도 알 수 없는지
날갯짓 훨훨 망상 번뇌 털어내며
수면 위로 날아간다

망해버린 왕국 성터의 깨진 돌조각이
폐사의 기왓장과 어우러져
박물관 진열대에서 새살림을 꾸렸다하여
지난날의 영화를 기억할 수 있을까

행여, 그대와 나
만겁의 세월이 흘러간 후에
지리봉 산정의 개미가 되어
연못가 황새를 만난다 해도
오늘의 전생을 기억할 수 있을까

모든 것은 지나가고
지나가면 잊히는 것인데
죽기는 왜 죽어 사라져간 친구야

뿌리의 공덕

소나무 몸뚱이가 하늘로 머리 두고
천년을 버티려면
뿌리는 땅 속 돌고 돌아 천년을 뻗어야 한다

가지의 솔방울이 태양의 님을 만나
솔씨를 품으려면
동토의 갈증과 우기의 홍수에도
잠아야 한다

대웅전 대들보로 시집 간
소나무 몸뚱이가 비로자나부처님께
천년을 빌 때마다
서러운 쇠북종이 함께 울어도

부토로 돌아간 소나무 뿌리는
토굴 같은 땅 속에서 만년 공덕을 쌓아야만
마등산 소나무로
다시 돌아오겠지

마음의 스승

천 길 낭떠러지 위에서
진일보하면
새처럼 날개 펴고 천공으로 날아갈까
폭포수로 부서져서 강물 되어 흘러갈까

만길 땅속 면벽 좌선 두더지로
어둠 먹고 살다보면
굼벵이로 솟아올라 우화등선 하려나
스승이 따로 없고 내 마음이 스승인데
스승 찾아 십만 리
밖으로만 나돌았네

구름 같은 마음은
지난날의 광야에서 눈물을 짜고
미래의 바다에서 두려워 떨지만
오늘 여기에서
인생길 가르쳐 줄 태양 같은 스승도
마음인 것을

봄이 오는 산야에서

먼 산 고개 넘어 아지랑이 등을 타고
봄이 오는데
미루나무 까치집이 왜 이리도 외로우냐

잔설은 녹아서 개울물의 노래로
개구리를 깨우는데
춘풍은 어쩌자고 그리운 내 마음에
빈 봉투만 내미는가

버들강아지 젖꼭지에 푸른 젖 고이면
청설모도 흥이 나서
햇살의 아이디로 메일을 보내는데
순심이는 어찌하여 봄소식도 모르는가

푸른 하늘 밝은 해가
강마을 들녘으로 봄을 업고 오는데
내 마음은 왜
들녘 허수아비 해진 옷자락처럼
이리도 쓸쓸하냐

수승대

영 너머 푸른 하늘 우러러 보니
두둥실 흰 구름 속 떠오르는 님의 모습
치맛자락 펄럭이며 고개 넘고 물 건너
오솔길 휘돌아 발자국 소리 사푼 사푼
봄을 이고 오시는가
요수정 새 아침이 서리꽃 배웅하니
서기 어린 햇살이 대지 위로 나투시어
오는 님을 마중하네

호음산 새소리가 잔설을 녹이고
덕유산 산수유가 봄소식 전해 오니
허리 굽은 노송들 쌍지팡이 짚고 서서
흥겨운 가락으로
척수대 등을 밀어 만년 잠을 깨우네
거북바위 눈동자에 스며 젖은 그리움
아득한 세월
누구를 그토록 애타게 기다리는가

흘린 눈물 냇물 되어
우는가 흐르는가 포효하는 물결이여
구슬픈 목소리에 장난치던 물고기들
가쁜 숨 헐떡이며
요수선생 강설로 놀란 가슴 달래보지만
한 서린 숨결만은 바람으로 맴도네

망국의 사신들이 천년의 세월을 넋으로 울어도
사라진 인걸은 다시 오지 못하는데

시원을 알 수 없는 명경지수 고운 물은
가는 길도 모르면서 밤낮없이 흘러가네

관수루 올라 앉아 구연서원 바라보니
은빛 고운 햇살 속에 님의 음성 들리어
가야할 길 물었더니
바람이 먼저 알아듣고 그냥 그대로
물처럼 구름처럼 흘러가라 하더라

부드럽게 살아야지

한 세상 살아오면서
헛일 하느라 헛고생도 많이 했네
내가 받은 밥그릇 작지 않았건만
커 보이는 남의 밥그릇 넘보느라
내 밥그릇의 밥마저 쏟아버렸네

초원의 양떼처럼 풀잎으로 양식 삼아
평화롭게 사는 길도 있었건만
고기로 배 채우는 호랑이가 부러워
사냥꾼의 길목에서 청춘을 소진했네

강물이 흐르는데 세월인들 안 흐르랴
지나간 세월을 탓해서 무엇하리
지난일 거울삼아 남은 세월 후회 없이
내 밥그릇이나 챙기면서 살아가야지

부드러운 것이 강한 것을 이기는 법
호랑이는 사라져도 양떼들은 살아남아
풀을 뜯는다

고기 먹고 생겨난 맹수의 충동
채식으로 순화하여 양의 본성 되찾아
남은 세월
잔잔한 물가 평화의 초원에서
사랑 노래 부르면서 부드럽게 살고 싶네

고독한 친구에게

친구야,
외로워 죽겠으니 술이나 마시자고?
술로 해결될 문제가 아니다
너와 나의 고독은
밖에서 온 것이 아닐라
안으로부터 나온 것이 아니더냐

겨울 소나무가 외로움의 먹을 찍어
나이테를 그리면서 번뇌를 씹고
넋으로 돌아온 조선조의 선비가
유배지의 강가에서 사약에 먹을 갈고
왕조의 흥망사를 책으로 찍어낸다

영혼이 고독해야 천국이 보이고
고독의 병은
고독만이 고칠 수 있는 것

친구야,
외로움에 쓰러지면 범부가 되지만
고독을 이기면
성자가 되리라

인연조차 잊었는가

소한 대한 다 지나면
얼어 죽을 사람 없다는데
삭풍은 어찌하여 적설을 품에 안고
떠날 줄을 모르는가

나고 죽는 세월 속에 내가 버티고 서서
만나고 헤어지고
생겨났다 사라지는 인연 줄 묵상하니
외로운 산새들이 하늘 사다리 세워놓고
봄을 부르네

방생한 고기들이
생선회집 어항으로 회기 하여
보은하고 죽겠다며 하얀 뱃살 뒤집는데
채식으로 맑아진 수행자의 입맛이
살생의 피가 역겨운지
인도 연도 잊었으니 그리운 고향으로
돌아가라 하더라

겨울 소나무는 동복 입지 않아도
얼어 죽지 아니하고
얼음장 밑 잉어는 해를 보지 않아도
우울을 모르는데
정든 님은 누굴 닮아 인연마저 잊었는가

고운 눈 밟으며

뽀드득 뽀드득 발바닥에 밟히는 눈의 소리는
반가워 소리치는 환호성인가
아프다고 고함치는 신음소린가
설날 순심이 떡 써는 소리인가
명주베틀 올라앉은 어머니
베 짜는 소리인가

하얀 눈 밟으며
사랑하는 사람과 손에 손 잡고
봄이 오는 언덕까지
발목이 시리도록 걷고만 싶다

눈이불 뒤집어쓴 겨울 들녘 보리들
푸른 풍년 꿈꾸면서 늦잠을 자고
미루나무 까치들은 맑은 눈 물고 가서
저녁밥을 짓는데

중천의 보름달이 은하수 강을 건너
별나라로 갈 때까지
사랑하는 사람과 팔짱을 끼고
고운 눈 밟으면서 걷고만 싶다

옛 절의 뜨락에서

전각은 늘어나도 옛 스님은 떠났구나
대웅전 팔상도는 단청된 모습으로
몇 생을 죽었다 살아나도
부도탑에 갇힌 몸은 우화등선을 못했는가

꼬불꼬불 곡선이 정감 있어 좋았는데
아스팔트 직선으로 찻길을 만든 것은
깨달음도 그만치 직선으로
얻고자 함일까

서러운 풍경이 몇 철이라도 울고
무명 중생이 삼천 배라도 올려야
관세음보살이라도 친견할 것인데
성불이 이토록 쉬워서야
육도 윤회인들 누가 겁낼 것인가

노승은 안 보이고
서른 살도 안 돼 보이는
앳된 우바이 몇 사람이
지장전 꿇어앉아 염주를 돌리는데
추녀 끝 목어가 바다가 그리운지
목메어 우는구나

겨울비 한 방울로

눈 위에 비 내려
쌓인 눈 녹여서 손잡고 함께
개울물로 흐르는 것은
떠나는 겨울의 마음 풀어 남녘으로 배웅하고
고개 넘어 오는 봄 낙상하지 말고 잘 오시라고
길 닦아 마중하기 위함인가

먹구름에 가린 하늘이
왜 비밀의 창문 열고 물통을 쏟았는지 궁금한
인간들이
뜻이 하늘에서 이루어 진 것 같이
땅에서도 이루어지게 해 달라고 기도하지만
신은
땅의 일을 모르면서 하늘 일을 알려고
선악과를 먹었다간 제 명대로 못 살 거라며
번개를 친다

오동도 동백이 제 아무리 겨울에 피겠다고
앙탈을 부려도
눈이 녹아야 마등산 개나리가 핀다면서
풀어버린 마음을 얼리지 않으니

벗이여,
얼어붙은 너와 나의 마음도
독기 없는 겨울비 한 방울로 풀어버리자

연꽃을 보며

탁수 예토에 뿌리내린 생명이
저토록 푸른 꿈을 피우다니
속세에 둥지 틀고 살지만
세찬 빗방울에도 젖지 않고
번뇌의 옥구슬 또르르 또르르 굴려
쏟아내는 청정법신 잎사귀 무위의 법문

구슬은 구슬대로
미끄러져 부서질지언정
잎으로 젖어 물들지 아니하는 자존감이
퍼지는 아침 햇살처럼 곱기도 하다

연화사 가는 길 연잎식당 들어가
연국수 연비빔밥 이연 저연 다 불러
주린 배를 채우고 연싸우나탕 드러누워
관세음보살을 염하니
커피탕 한 복판에서 연잎 타고 올라온
심청이가 심봉사를 찾기에

연화탕 들어가 묘법연화경 암송하니
연꽃 속 심청이가
바로 여기가 연화장극락이라고
일러주더라

어느 모임에서

그 친구는 돈도 안 되는 일에
평생을 매달려 굶어 죽었고
또 다른 친구는 돈방석 깔고 앉아
더 많은 돈 탐하다가 돈벼락 맞아 죽었으며
또 한 친구는 뽐내기 위해서 출세했지만
별로 알아주지 않는 것이 분해서
죽어버렸다 한다

찌그러진 사람들은 나오지도 않았고
평범한 사람들은 말이 없고
살아남은 졸부들이 찬조금 몇 푼 내놓고
마이크를 잡는다

비바람 햇살로 살아가는 산야의 나무들은
키 재기를 안 해도 살아가는데
먹고 마셔야만 즐거운 사람들 잔치엔
지폐 몇 장 걸어놓고 키 재기를 해야만
고기가 들어오고 술맛이 난다

무명의 끈 놓아버리면
가진 자도 못 가진 자도
죽은 자도 산 자도 평등한 것을

행복은 미루는 것이 아니다

더 큰 행복을 얻으려고
오늘의 행복을 내일로 미루지 말자
행복을 양보하다보면
한 평생 행복해보지 못하고 죽을 것이다

하늘에서 내리는 비는
땅 위로 차별 없이 뿌려지지만
동산의 초목들은 밥그릇만큼만
받아 마신다
적은 것도 수용하고
포만의 뱃속 더 채우려고 애쓰지 말자

지난날의 불행을
집착의 수레로 끌고 와서
오늘의 행복 위에
후회의 상복을 입히지 말자

이것저것 무거운 짐 다 내려놓으니
창틈으로 스며드는 한나절 햇살이
이리도 고을수가!
오늘의 행복은 내일을 위해
미루지도 말고 저축하지도 말며
지금 여기 이 자리에서
즐기는 것이다

매화꽃이 피려면

얼음장 아래 토굴에서 잉어들은
회당 지어놓고 푸른 하늘 보고파
통성기도라도 하고 있을까

태양이 입김 불어넣으며 키스를 해도
열정의 강도가 미약함인지
불통의 마음 열기에는
얼어붙은 빙벽이 너무 두껍다

사랑도 그리움도
시절 인연이 닿아야 하는 법
삭풍과 어우러진 고산준령 잔설이
송별의 의식을 끝내지 않았으니
잉어의 봄은 아직도 유빙의 해탈을
기다려야 하리라

친구야,
지리산 매화꽃에
너와 나의 코를 묻으려면
일대사 인연이 무엇인지 물으면서
동안거의 열공을 더 쌓아야 하나보다

구름 같은 인생이라고

진흙 위에 찍힌 내 발자국
공룡의 화석처럼 박혀 있다
흙으로 만들어진 사람들은 그들의 나이테를
흙 위에 조각한다

저주받은 뱀들이
흙 대신 개구리를 먹다가
폐족의 비운을 자초하고
임신과 해산의 고통을 거부하는 여인들이
노동의 수고를 마다하는 남자들과 합세하여
인간의 나이테를 지우려한다

만겁의 세월이 소리 없이 흘러
사라져간 공룡들이 이 땅으로 돌아오면
화석으로 돌아간 인간의 발자국 더듬으며
인류의 존망사를 연구하겠지

인걸은 사라져도 발자국은 남고
풀잎이 스러져도 씨앗을 남기거늘
구름 같은 인생이라고
서러워하지 말자

약육강식

새날의 태양은 언제나 새로운데
인간의 마음이 날마다 새롭지 않은 것은
어제의 어둠을
벗어놓지 못하기 때문만은 아니다

못 먹어서 배고픈 자
덜 먹어서 배 아픈 자들이
겨울의 들녘에서 죽어 가는데
권력과 금력으로 거식증에 걸린 하이에나 들이
커다란 입 벌리고 약한 자의 양식을 먹어치운다

포만의 뱃살도 빈자의 굶주림도
인연의 과보라거나
선도 악도 옳고 그름도 따지지 말라는
성자의 가르침이 공허하게 느껴지는
황량한 겨울의 산록에서

나는 누구이며
어디로 가느냐고 물어보아도
메아리조차 들리지 않는 허공 아래
고요한 햇살만이 따스하게 웃는다

밥값이라도 해야지

할 일이 없어졌다 말하지 말자
심장이 뛰느냐? 아직도 살아있다
죽을 때까지는 밥을 먹어야 하고
밥을 먹었으면 밥값으로라도 일을 해야지
일이란 부지런한 자의 눈으로 찾으면
나타나는 보물 같은 것

겨울 벚나무가 삭풍에 흔들리며
가만히 서있어도
땅 속 뿌리들은 용광로에 불 지펴
사월 봄바람에 만개한 청춘
난분분 흩날릴 꽃씨를 만든다

친구야,
육신이 늙었다고 할 일까지 버렸느냐
고목의 허리춤에 둥지 틀어
임신한 멧돼지가
월동을 한 후 새끼를 보면
늙은 나무 가지에도 꽃이 피지 않더냐

친구야,
날씨가 춥다고 방콕으로 치달으면
희망도 일도 인생의 열정도 식고 말리니
오라, 여기 바람 부는
너와 나의 즐거운 일터로

움트는 목련

목련 가지가 봄이 오기도 전에
사춘기 소녀처럼 탱탱하게
물 오른 젖꼭지를 내밀었다

저 몽우리
꽃으로 만개하려면
나비가 되기 위해 굼벵이는 땅 속에서
삼천 배를 올리며 용을 써야 할 것이고
돌팍 아래 개구리는 몽매한 꿈을 깨기 위해
목욕재계하고 경칩의 의식을 치러야 할 것이다

태어나지 않았을 때가 가장 좋고
피어나지 않은 꽃이 더 순결한 것인데도
인간은 태어나서 고생을 하고
목련은 피어서 시들어 버린다

모르고 지낼 때가 더 좋고
사랑도 그리워 할 때가 더 아름다우며
만남의 광장보다
기다림의 언덕이 더 즐겁다

큰길로 가자

우리가
한 뿌리에서 솟아오른 대나무인 것을 알면
싸울 일이 있겠는가

질투하는 마음은 사랑이 아니다
경쟁을 부채질하여 선악과의 타락을 유도하고
십자가 사건으로 구원을 논하는 것은
질투심 많은 신이
병 주고 약 주는 것이다

포악한 독재자일수록
먹음직한 개뼈다귀 바지랑대에 걸어두고
배고픈 개들이 신구의 삼업으로 경쟁하게 만들어
충성 맹세 받기를 좋아한다

우리가
한 뿌리에서 태어난 일심동체임을 알면
시기 질투 경쟁은 파멸로 가는 좁은 길이며
협력과 자비야말로
공생의 초원으로 들어가는
탄탄대로임을 알게 되리라

좁은 문을 피하여 큰길로 가자
문 없는 큰길이 인생의 길이다

제3부

해가 뜨면 해와 놀고

잘 못 살아온 지난날
후회의 부스럼 딱지들을
한 점 한 점 길바닥에 뿌리며
이 나라 금수강산 떠돌이로 살고 싶다

지구가 돌면 나도 돌고
해지는 언덕에서 술 한 사발 들이킬 때
은하수 강가에 별이 솟으면
가신님도 다시 돌아와 두 잔 술을 받으리라

친구야,
마음밭이 이토록 황량한데 더 이상
씨를 뿌려서 무엇하나
가을이 오기 전에 천둥 번개가 괴성을 지르며
우리를 삼킬지도 모르는데

나이를 묻지 마라
남은 세월의 길이도 재지 말라
살아온 시간과 살아갈 시간을 비교하지 마라
해가 뜨면 해와 놀고
달이 뜨면 달과 놀다보면
그런대로 한 세상 흘러가리라

바랄 것이 무엇인가

낙엽이 떨어져 썩어가고
썩은 낙엽 위로 또 낙엽이 떨어져 쌓여 가지만
욕심 없이 살다 죽은 목숨들인지라
부토로 돌아가는 귀향길의 냄새가
저리도 향기로운데
돈이 권력을 끌어안고 떨어져 썩어가는 냄새는
왜 이리도 고약할까

좋은 인상 남기고 칭찬 받기 위하여
지나치게 애쓰는 것도 순리 아니다
장미꽃도 시들면 떨어지고 떨어지면 썩으며
썩은 장미 위로는
먼지 위에 또 먼지가 쌓이리니
그 또한 부질없는 짓
강물처럼 흘러가고 구름처럼 떠돌다가
때 되면 떠나야지

무상한 세월 속에 덧없는 인생들이
바랄 것이 무엇인가
헛되고 헛되도다
모든 것이 헛되도다

설레는 삶

사람이란 존재가 돌멩이와 달라
꿈이랄까 희망이랄까 하는 것이 있어야
삶의 설렘이 있을 것이다
노인이라고 해서
임종의 순간이라고 해서 예외는 아니다
두렵지 않은 죽음을 맞이하려면
설렘이 있어야 한다

사후세계로서의 천국이 존재하는지
부활이나 윤회가 있는 것인지
사랑했기 때문에 그리운 사람들을
저승에서 재회할 수 있을 것인지는
누구도 증명하거나
논증할 수 없는 믿음의 문제이기에
대부분의 종교는 천국과 부활이나
윤회를 믿으라한다

죽음의 거리가 나날이 가까워질수록
인생의 꿈과 희망이 저 세상으로 향하게 된다
인간이 내세의 꿈을 포기할 수 없다는데서
종교의 설 땅은 없어지지 아니하고
비이성적 비과학적 맹신이
초과학적이고 초자연적인 힘을 지니고
우매한 중생들의
가슴으로 파고드는 것이 아닐까

비록 전도몽상이라 할지라도

죽음이 인생의 끝이 아니라
새로운 삶의 시작이라는 인식이야말로
허무의 심연으로 빠지기 쉬운
노년의 삶을 설레게한다

겨울이 없다면

겨울이 춥다고 싫어할 일만은 아니다
겨울이 없다면
초봄의 산수유 꽃잎이 시리도록 노랗게
피어오를 수 없을 것이며
개구리가 돌팍 밑에서 동안거의 긴 잠을
포근히 잘 수 없을 것이고
봄나들이를 즐기는 인간의 마음이
감동에 젖을 수도 없을 것이다

변한다는 것이 고통만은 아니다
인간이 그냥 그대로 항상한다면
얼마나 지루하고 권태로울까
생멸이 있고 변화가 있기에
사라지는 것들에 대한 그리움과
새로운 것들에 대한 긴장과 감격이
있을 것이 아닌가

죽음이 있기에 태어남도 있으리니
어찌 생로병사를
슬프다고만 할 것인가

한 마음으로

물을 얼음으로 뭉치게 하는 것이
찬바람이라면
얼음을 물로 녹이는 것은 돌멩이가 아니라
따스한 햇살이다
하나로 뭉치려면 화합하여 갈라서지 않아야 하며
하나로 풀리는데도
과거를 따지지 않아야 한다
물이 얼면 얼음이고 얼음이 녹으면 물이 되니
물과 얼음이 둘이 아니라
인연 따라 생주이멸 하는 것이니
얼 때나 녹을 때나
내 마음 하나 되어 갈라서지 아니하고 화합하리라
시난 일을 생각해서 무엇 하리
강물 풀리면 고기와 놀고
꽃이 피면 벌 나비 벗하여 즐기면 그만이지
왜 꽃은 피었다 지는가를 따져서 무엇 하리
인생이 어디서 와서
어디로 가는지를 생각해서 무엇 하리

그리운 에덴동산

실낙원의 동산이 이토록 아름다운데
에덴의 동산은 어떠했을까
생명나무 과일들 주렁주렁 열리고
삼천의 궁녀보다 더 어여쁜 풀과 꽃들
청초한 몸짓으로 나를 반긴다

뱀의 말이 거짓이 아니었단 말인가
선악과에 취한 인간의 눈 밝아져
마침내 신을 몰아내고
뱀마저 삶아 먹은 후 핵까지 만들어
스스로의 멸망을 자초하려 하고 있으니

두렵다
이 아름다운 동산 위에 핵 바람 부는 날
상상만 해도
선악과 다시 매달아
돌아가신 신을 살려내야 하지 않을까

이름다운 실낙원의 동산에 서서
에덴의 평화를 그리워한다

새대가리 박 노인

그 사람 머리는 참새대가리다
스스로를 영리하다고 생각하는 그는
잔 머리를 잘 굴려 작은 것을 취하지만
큰 머리를 못 굴려 큰 것을 놓친다

그는 손해 보지 않기 위해 늘 긴장한 나머지
신경과민증에 걸려있다
사람들을 만날 때나 사물을 내할 때마다
그의 새대가리는
손익계산을 하느라 바쁘게 돌아간다

그는 손해 보지 않으려고
그보다 얼굴이 예쁜 여자들만 골라
연애를 하다가 혼기를 놓친 후
이혼녀와 결혼을 한 후에도
손익계산을 해 보니 손해 볼 것 같았는지
자식을 낳지 않았다

그는 손익계산을 하여 종교를 선택했다
값없이 베풀어 주는 신을 찾아
그 신을 경배하지만
통 큰 신이라 할지라도
너무나 쪼잔한
그를 받아 줄지는 미지수다

녹지 않고 견디랴

눈이 녹는다
얼음이 녹는다
얼었던 땅바닥 흙이 녹는다
까치들이 흥겨워
하늘로 날아올라 봄 마중을 나간다
죽은 줄 알았던 나뭇가지가
깡말랐던 몸뚱이 어디에다 숨겨놓았다
야윈 배 갈라서 새싹을 움 틔운다
새 쑥이 봄의 햇살과 줄탁 동시로 지표를 깨고
병아리처럼 태어나는데
강물이 어찌 봄의 노래를 사양하랴
천지자연이 풀어지고 녹아서 새 생명이 태어나는
이 아름다운 계절에
깨달음 얻지 못한 동안거의 골방에서
미워했던 마음인들
어찌 녹지 않고 견디랴

새가 울면 나도 울고

여기가 바로 에덴의 동산이며
수행의 길목이요
극락의 정토이다

선악과의 시험이나 뱀의 유혹도 없고
계율의 구속이나
방종의 타락도 없는 자유인의 터전이다

유기농 채소와 생명나무 과일로
건강을 챙기고
사색과 명상으로 시 한 수를 건진다

본성의 선악을 따지지 아니하고
이기와 이타를 가리지도 아니하며
바람 부는 산정에서 피리를 불고
햇살 고운 언덕에서 아리랑을 부른다

새가 울면 나도 울고
흘러가는 구름 따라
내 마음도 흘러간다

치유

사람에게 받은 상처 산에서 치유한다
욕망의 거리에서 더럽혀진 마음의 때를
산정의 동산에서 바람결로 닦아낸다
햇살의 자애로움으로 초목 위에 입 맞추면
미워했든 사람들도 연민의 정이 솟아
손잡고 싶어진다

산이 지루해 지면
상처 받기 위해서 저자로 간다
전장의 용사에겐 상처가 훈장이다

죽음이 두려워지면
파도치는 해변에서 생선회를 먹는다
바닷물이 파도이고 파도가 바다이듯
물고기가 나이고 내가 물고기라
뭍에서 입은 상처 물로써 치유한다

겨울 바다에서

겨울 바다는 설움이 너무 깊어 얼지도 못하고
저리도 철썩여야 하는가
백사장을 때리고 온 몸이 부서져 사라지는
포말의 흐느낌이 외로워서
갈매기는 떼 지어 푸른 날갯짓으로
수평선을 물들이는 노을의 등을 밀어
석별의 몸짓을 자랑해야 하는가
노쇠한 육신에도 얼지 않는 바다의 열징으로
해변의 거리를 하염없이 걸으니
파도 타고 들려오는 그리운 사람들의
달콤한 사랑의 속삭임이
서러운 나그네의 폐부를 찌른다
팔짱을 끼고 백사장을 산책하는 연인들은
파도의 울부짖음이 감미로운 음악으로 들리겠지만
물살에 몸이 깎여 반들반들해진
몽돌의 인욕을 터득해야만 사랑의 결실이
완성되리라
철썩이는 바다의 말소리를 알아듣는 자라야만
인생의 의미를 알게 되리라

춘풍에 구르는 가랑잎처럼

지난 가을 떨어져 내린
상수리나무 잎사귀들이
산사의 풍경소리 잊을 수 없어
열반에 들지 못하고
새 봄의 훈풍에 몸 맡긴 채
대웅전 뜨락 위로
오체투지 하여 굴러다닌다

사미승 깎은 머리 위로 봄 햇살 내리어
속세의 인연들이 하나 둘 녹아내리면
닦아낸 번뇌처럼
빗자루에 쓸린 메마른 육신들
다비의 불꽃으로 극락왕생 하려나

큰 스님도 안 보이는 텅 빈 전각
반야심경 독경소리 구슬피 우는데
겨울이 가고 봄이 와도
탐진의 티끌 하나 털어내지 못한
고목 같은 늙은이 마음이 춘풍에 구르는
가랑잎처럼 갈 길 찾지 못하고
이리 저리 뒹군다

생명의 꿈틀거림

어디로 숨어들어가
어디에 있었는지도 알 수 없는
생명의 씨앗들이 대지의 지각 뚫고 올라오는
기적 앞에 서서
그대여,
아직도 죽음을 두려워하는가

손가락으로 새 쑥을 뽑고
마른 나무 꼬챙이로 냉이와 꽃다지 뽑아
아내가 된장 풀어 끓여내놓은
풋풋한 봄국을 훌훌 마시면서도
그대여,
세상이 새비없다고 불평할 것인가

북국의 새들이 바람타고 날아와
봄풀의 머리 위로 찔끔찔끔 배설을 하는데도
지난 가을 돌아갔던 그 새들이 아니라고
그대여,
사후세계는 영생을 바라는 인간들이 그려낸
신기루라 할 것인가

봄의 산야가 이토록 아름답고
생명의 꿈틀거림이 이리도 가슴을 울리는데
그대여,
돈과 권력 명예를 위해
아직도 혼잡한 도심의 거리에서 분출하는
증오와 울분으로 안식을 바라는
심장의 평화를 깨뜨리고 싶은가

시계

시계가 멎었다
죽었나?
아니지, 배고파 밥 달라고 죽은 시늉해가며 파업을 한 것
이다

내 야윈 팔뚝 위에서 일 분 일 초라도 약속시간 늦으면
실없는 사람 되어, 그만큼 세상살이가 어려워진다고
고언을 아끼지 않았든 충직한 조언자도
주린 배는 어쩔 수 없어 죽음을 위장하여 일손을 놓아버
린 것이다

가사상태의 시계를 팔뚝에 감고
습관적으로 들여다본다
멈춰선 초침이 묵언으로 노려본다
지구가 공전과 자전을 멈춘 듯 허전하다

휴대폰을 꺼내 시간을 알아보지만
어쩐지 여행지 여관방에서 하룻밤을 자도
만리성을 쌓는다는 감언이설로 잠시 살을 비볐든
여인들처럼 어색하고 서먹서먹하다

부리나케 시계방으로 달려가 밥을 먹여주었다
배부른 시계는 내 팔뚝의 핏줄 돌아가는 소리에
장단 맞춰 쉼 없이 잘도 돌아간다
조강지처가 된장 풀어 끓여 준 쑥국 냄새가 난다
마음이 편하다

인생이란 시계도 약만 갈아 끼우면
영생이라도 할 것만 같다

시드는 목련

4월이 이렇게 추우니
일 년을 공들여 이 강산 찾아온 목련도
님 한 번 못 본 채 시드는구나
벌 나비 찾아들지 않는 꽃봉오리는
소박맞은 여인의 풀 죽은 젖가슴이다

꽃샘추위가 냉천 찬바람으로
봄의 입을 틀어막아
남국의 손님을 못 오게 했다해도

목련의 일생은
소멸시효에 걸린 빛바랜 보물처럼
정해진 시간에 끝나는구나
운명이란 이름으로

한 때 못 보고 억울하게 떠나버린
우리들의 사랑인양

인간사 흥망성쇠가

만발한 꽃잎 앞에서
늙어가는 인생을 서러워 말자
고목에 핀 꽃도 아름답고
곱게 물든 단풍은 봄에 핀 꽃보다 고와보인다
피는 것을 생이라 하고
지는 것을 멸이라 하지만
한 자락 바람 불어 생겨난 파도가
구름 한 점 지나가면 바닷물로 돌아가듯
생긴 것은 사라지고
사라진 것은 다시 생겨나나니
오직 변하는 것일 뿐 불생불멸 아닌가
꽃이 피었다고 마냥 기뻐할 일 아니며
단풍이 진다고
마냥 슬퍼할 것만도 아니다
인간사 흥망성쇠가
꽃 피고 단풍 지는 것이니
다만,
그냥 그대로 지켜보면 그만인 것을

오월에 피는 벚꽃

무봉산 계곡 산벚꽃은 늦잠이 깊어
오월이 되어야 눈을 뜬다
만기사 쇠북종이 지옥중생 지은 죄를
제 몸을 제가 때려 다 씻어낼 때까지
머리 깍은 행자승이 두고 온 속가 인연
다 끊을 때까지
수학여행 올라올 제주 아가씨 보고 싶어
오월 하늘 길 열릴 때까지
잠을 깰 수 없었든가

지리봉 벚나무에 버찌 열리면
배고픈 산까치들 모여들어
탁발한 공양물로 잔치를 할 때
여울물 흘러가는 산골짝 벚꽃도 부스스 눈 비비며
일어나 가사 장삼 걸치고
발우 들고 나서며 신발끈을 조인다

무봉산 벚꽃이 오월에 피는 것은
산허리에 둥지 튼 계곡의 청설모가
오월 하늘 그리워 슬피 울기 때문일까
묘지 찾아 날아온 님 잃은 흰나비가
비석 위에 올라 앉아
신록이 보고 싶어 졸고 있기 때문일까
할멈 잃은 김 노인이
오월의 산에서 칡넝쿨 목에 걸고
죽었기 때문일까

목련 앞에서

한 나무의 목련꽃도
사주팔자가 같은 것이 아니다
피고 지는 시간이 제각각이라
한 뿌리 같은 둥치 한 가지에 피어오른
꽃인데도
살아도 같이 살고 죽어도 같이 죽자
맹세할 수 없으니 고독한 운명이야
외롭게 살다 외롭게 떠나가는 인생들과
다를 것이 없구나

한 줄기 봄비라도 내리면
님도 한 번 못 보고 떠나야 할 운명인데
뭣 하러 그처럼 곱게 만들었냐고
항의 한 번 못하고 추레한 모습으로
사라지는 백의 천사여

하루살이 일생도 하늘의 뜻이거늘
일주일의 영화를 어찌 짧다 하리요
백년을 산다는 인간들아
무엇하려 왔느냐고 묻지를 마라
왜 그렇게 아름답게 피어올랐느냐 따지지 마라

백년 인생도 화무십일홍이라
목련꽃 한 송이 피고 지는 것이거늘

내가 즐거워야 그도 즐거우리라

뻐꾸기가 우니까 목련이 피는가
목련이 피니까 뻐꾸기가 우는가
나비가 춤추니까 바닷물이 출렁이는가
파도가 그리워서 나비가 춤추는가
후회하지 말거라
그가 슬펐음으로 나도 슬퍼했으며
괴로워마라
내가 즐거워야 그도 즐거우리라
봄이 저물어야 여름이 오고
벚꽃이 떨어져야 버찌가 영근다
인생이 떠난다고 울지를 마라
가는 것이 있어야 오는 것이 있으리라
구름이 흘러가야 하늘이 밝아온다

천국의 새 그림

주여,
내가 바라는 천국은 칠보로 장식된 찬란한 궁전 안에서
밤낮 없이 신을 찬미하는 곳이 아니라
벚꽃 만발한 동산 벌떼 윙윙거리고
연못 위로 저공비행을 즐기던 황새가 방죽에 앉아
이따금 목을 길에 빼고 먼 산 우러러 님 생각에 젖어있는
마등산 기슭 같은 곳입니다

먹지 않아도 배부르고 시집가고 장가가는 일도 없으며
잠자지 않아도 졸리지 않는 곳이 아니라
안 먹으면 배고프고
먹기 위해선 일해야 하고 사랑을 주고받으며
편히 쉴 집을 위해
수고하고 땀 흘려야 하는 그런 곳입니다
기쁘면 웃을 수 있고
슬프고 외로우면 눈물 흘릴 수 있는 곳입니다

주여,
내가 가고 싶은 천국은 신이 사는 곳도 아니고
악마들의 세상도 아니며
사람 사는 세상입니다
이제 신의 손이 아닌 사람의 손으로
천국의 그림을 다시 그려야 합니다
금빛 찬란한 궁전이 아니라
벚꽃 핀 동산이 천국이니까

김 노인의 극락

김 노인이 만개한 벚꽃을 부러워하는 것은
화사한 색상과 감미로운 향기 때문이 아니다
애쓰지 않고 피어올라
수고하지 않아도 배고프지 않으며
근심하지 않아도 사라져가는 일생이
좋게 보이기 때문이다

김 노인이 이른 아침 지저귀는 새소리를
부러워하는 것은
소리의 음색이 곱기 때문이 아니다
산 숲에 널려있는 솔씨 몇 개로도
가득 채워지는 작은 배의 창고와
어디나 숙소가 될 수 있는 조그마한 몸뚱이 때문이다

김 노인이 흐르는 강물을 부러워하는 것은
유장한 강물이
유람선을 업고 다니기 때문이 아니다
그냥 그대로 생각 없이 높은 곳에서 낮은 곳으로
흘러만 가는데
고기들이 몰려들어 밥이 되어 주기 때문이다

김 노인이 부러운 것은
죽는 날까지 근심 걱정 없이
밥 먹고 잠 잘 자고 똥오줌 잘 싸는 것이다
김 노인의 극락은 이런 것이니까

지구 마라톤

봄은 지구의 마라톤 운동장
생명 있는 것들은 죄다 달림이 선수들
씀바귀 쑥 냉이 개나리 진달래 목련 벚꽃들이
빨 주 노 초 파 남 보
제 각기 좋아하는 색깔의 유니폼 골라 입고
봄이라는 시간의 금줄 위로 발을 올려놓았다
장애인 5킬로 10킬로 하프 풀코스 구별없이
함께 모여 함께 뛰는 평등의 잔치 한마당
봄바람이 흔드는
가로수 잎사귀가 만국기로 펄럭이는데
어디서 소문 들었는지 새들은 날아와
흥겨운 목소리로 축하의 나팔을 불어댄다
등수나 기록을 묻지마라
참가에 뜻이 있다
지구 마라톤 선수들은 일등 꼴찌의 상금이 같다해도
불평 한 마디 없이 부지런히 달린다
봄날이 그러하듯

봄비가 내리는 것은

봄비가 조잘조잘 정다운 이야기 주고받으며
산 숲의 머리 위로 내리는 것은
하늘 비질하던 새들이
둥지 속 머물면서 잠시라도 식구들과 어우러져
컴퓨터 게임이라도 즐기라는 것이다

봄비가 부슬부슬 내리는 것은
개울물이 흐르면 강물이 되고
강물도 모이면 바닷물이 된다고
우매한 중생의 메일을 찾아 붓끝에 먹물 찍은
비밀번호 눌러서
부슬비 편지 한 통이라도 띄우기 위함이다

봄비가 추적추적 내리는 것은
앞만 보고 질주하는 봄의 달림이들에게
한 모금 물로써 갈증을 풀어
좇아오는 도반들 뒤돌아보며
사이좋게 발맞추어 함께 달리라는 뜻이다

봄비가 하염없이 내리는 것은
아름다움도 지나치면 추루해지고
욕심이 죄악의 씨앗이라고
흘수선 금줄 하나 긋기 위함이다

산벚의 노래

갈마산 벚꽃은
늦게 피어나서 늦게 떨어진다
곱게 단장한 모습 보아주는 사람 없어도
슬퍼하지 않으며
길 모르는 꿀벌들이 번지수를 잃어버렸어도
안달하지 않는다

한 자락 봄비 내린 후
점령군처럼 밀려든 철쭉이 온산 불 질러
분탕질할 때
반들반들 윤기 흐르는 버찌들 자식처럼
주렁주렁 매달아놓고
열반송 한 마디 없이 고요히 숨 거두었는데

이 산 저 산 까치들 모여들어
탁발한 음식인양 입술로 버찌 쪼아
공양 들 때면
환지본처 돌아간 버찌의 생령들
허공 중 맴돌면서
아제 아제 바라 아제 설법을 한다

산 까치의 연서

호명산 봄날이 무르익으면
산 까치와 진달래가 채팅을 한다

봄바람이 이토록 훈훈한데
아직도 겨울옷 벗지 못했느냐고
진달래가 까치를 조롱하면
까치는 진달래에게
산복련 산벚꽃은
하얀 상복 입고도 활짝 웃으며
산수유는 시리도록 노랗게 피어올라
봄의 풍경화에 평화를 색칠하며
다소곳이 고개 숙여 자중자애 하는데
진달래는 어쩌자고 입술에 빨간 루즈 칠하여
산중 도사를 유혹하려 하느냐고 나무란다

노스님 독경소리는 봄이 와도 구슬프고
상수리나무는 아직 잎을 내밀지 않았으며
사철 푸른 소나무는 조무래기 까치와
한철 붉은 진달래의
잠시 잠깐 풋사랑 따위엔 관심이 없다

산까치는
오늘 밤 달 밝으면 장가들러 갈 것이니
벌 나비가 나보다 먼저 가면 외면해버리고
화촉신방 불 밝히고 날 기다리라 하니

화난 진달래
철없이 까불면 온산 통째로 불 질러버리겠다며
요염한 입술로 기고만장이다

봄이 남긴 상흔

강 건너 오느라 지친 봄이 홍역을 치렀나
4월 산 숲에 솟아오른 진달래 붉은 반점들
느티나무 잎사귀가 5월의 푸름을 데려오면
늦은 봄 신열이야 내리겠지만

산수유가 달려가고
산벚이 피었다 지고
씰레꽃이 뒤질세라 뒤좇아 올 때
불을 문 철쭉이 이산 저산 달려들어
분탕질하면 초여름 신열은 무엇으로 식힐까

봄은 열병처럼 뜨겁게 와서
전쟁처럼 시끄럽게 놀다가
시름 많은 나그네 가슴팍에 떨어지지 않는
부스럼 딱지 주렁주렁 매달아놓고

상수리나무 잎사귀 무성히 자라
매미들 손짓해 부르는 여름의 수해 속으로
해변의 썰물처럼 미끄러져 떠나가고 말 것인가
그렇게도 조용히
작별의 말 한마디 남기지 않고

비 오는 날에도 꽃은 웃는다

비 오는 날에도 꽃은 웃는다
고목이 피우는 꽃이나 어린 나무가 피우는 꽃이나
꽃은 꽃이라서 모두가 젊고 싱싱하다
말 못하는 꽃들도 날씨 따라 움츠러들면
허여된 시간이 길지 않음을 알거늘

친구야,
몸이 늙었다고 이 아름다운 봄
그냥 보내기엔
남아있는 세월이 많지가 않다

세면장 들어가 수염을 깎고
화장대 앞에 앉아 주름진 얼굴에 분을 칠하자
새 옷에 새 구두로 갈아 신고 새 우산 들고
비에 젖어 즐거운 꽃을 좇아
우리도 여생이 다하도록 붉은 꽃을 피우자

비 오는 날 벌 나비 안 온다고
봄꽃이 서러워 우는 것을 보았는가
친구야, 날이 저물면 어둠이 찾아들듯
꽃이 지는데 우린들 안지랴
비 오는 날에도 세월이야 흘러가겠지만
비 오는 날에도 꽃은 즐겁다

어디 있느냐고 묻는다면

누가 나에게 어디 있느냐고 묻는다면
있어야할 자리에 잘 있다고
부끄럼 없이 당당하게 말하고 싶습니다
행주좌와어묵동정이 제자리 벗어나지 아니하고
책임을 남에게 돌리지 아니하며
남의 집 담장 안을
넘보지 않겠다고 말하고 싶습니다

못 생긴 산초나무가 산을 지키는 것은
소나무 뿌리가 제 자리 떠나지 않기 때문이며
수양버들 휘늘어진 가지가 연못의 잉어를
키우는 것은 느티나무 그늘이
버들의 노래를 훼방 놓지 않기 때문이라고
말할 것입니다

그러나, 네가 지금 어디 있느냐고
누가 다시 물으면
이따금 제 자리 벗어나 인생의 엇박자도
놓고 싶다고 솔직히 말할 수 있어야 할 것 같습니다

진달래 산벚이 피었다 지고
오동나무 잎사귀에 달이 내려앉으면
한 번 왔다 돌아가는 인생길에
한 자리만 지키다가 떠나기가 무료하고 심심해서
영 너머 마을이 그리워지면
더러는 본자리 비울 때도 있어야 한다고
겁 없이 태연하게
말할 수 있어야 할 것 같습니다

내 이름을 불러준다면

이 고요한 아침
누구라도 내 이름을 조용히 불러주는 이 있다면
나는 소리 없이 지는
진달래꽃 한 송이의 슬픈 눈물에도
외롭지 않은 고마움을 표하리라

누구와도 함께할 수 없는 절대고독의 강을
나 홀로 건너야하는 날이 다가 오더라도
오늘 이 시간 산야에 피어오른 초목들과 어우러져
이슬이 남기고 간 연초록 싱그러움을 술잔에 담아
승리의 축배를 들리라

이 고요한 아침
누구라도 내 야윈 손목을
살며시 잡아 주는 이 있다면
떨어져 내린 송화가 강물을 메운다 해도
하늘과 땅 사이를 이어주는
소통의 사다리를 만들어 세우리라

이 고요한 아침
누구라도 봄이 저무는 오솔길을
나와 함께 걸어주는 이 있다면 바람을 펴 담아
햇살로 빚어 만든 아침의 진수성찬을 함께 들면서
누구에게도 털어놓지 못했던
숨겨진 이야기를 다 들어주리라

꽃잎이 되고 싶은 노인

소망병원 화단
활짝 피어오른 목련과 벚꽃 아래에서
한 마리 고양이가
한 잎 두 잎 떨어지는 꽃잎과 장난을 치고 논다

치매로 입원한지 열 달이 되어
이 병원 고참이 되어버린 김 노인이
9층 병실 창문 열고 재미있다는 표정 지으며
이들의 놀이에 끼어든다

고장 난 전등처럼 켜졌다 꺼졌다하는 그의 지능은
고양이 보다는 낮지만
무심히 떨어지는 꽃잎보다는 높다
떨어지는 꽃잎을 고양이가 입으로 물기 위해
점퍼를 하는데

한 줌 바람이 꽃잎을 허공으로 날려버리자
그는 깔깔 웃으며 꽃잎의 편이 되어 박수를 친다
그도 하루 속히 9층 병실 벗어나
한 송이 꽃잎이 되고 싶은 것일까

노년의 민들레

노오란 입술 내밀고 땅바닥에 붙어서
산허리 수놓은 산수유를 부러워하던 민들레
갈고 닦아
가벼워진 심신이 낙하산이 되었구나

용맹정진 석 달 정성에 바람이 감동하여
천지사방 흩어주니
산 넘고 강 건너 날개 없이도 떠도는
민들레 노인의 신나는 여정

양지바른 언덕이나 후미진 계곡이나
가는 곳 곳곳마다 씨를 뿌리며
구름 따라 삼만리
비워서 자유로운 민들레 홀씨의 즐거운 노년

상처받는 일이라 해도

사람간의 만남이 비록 상처받는 일이라해도
우리는 만나야 합니다
사랑하는 사람에게 입은 상처가 더 아프다 해도
예방주사 맞는 셈치고 만나야 합니다

고운 빛깔 달콤한 향기로 아픈 곳
어루만져주는 꽃의 위로나
상냥한 목소리로 어둠을 깨워
하루의 시작을 축복해 주는 새들의
아침 인사를 듣는다 해도
그리움을 마셔야만 배고프지 않는 사람은
그것만으로는 살 수가 없습니다

전쟁터의 군인이 다칠 것이 겁나서
싸움을 포기할 수 없는 것처럼
상처 받는 것이 두려워
사랑을 포기할 수는 없습니다

사랑하고 상처 받으며 살다보면
여린 마음의 벽에도 좀처럼 허물어지지 않을
항체가 생기겠지요
만남의 뒤끝이 외로움의 골목이라 하더라도
그 외로운 골목길에서도
사랑해야할 사람은 기다리고 있어야 합니다

입지 못한 봄옷

꽃샘추위 속에서 봄꽃이 피었다 떨어지니
나는 금년에도 봄옷을 입지 못했다
태양 뜨거워지고 나무 그늘 좋아져
겨울 내의 벗고 면바지 갈아입으니
여름이 성큼 내 손목을 잡는다
겨울옷 입고 떠내려 보낸 내 인생의 봄처럼
슬픈 내 그리움의 눈동자에 점 하나 찍은 후
봄은 그렇게 와서 그렇게 가고 말았다

여름의 산 숲에서 매미 따라 서럽게 울다보면
선들바람이 불어오겠지만
뿌린 씨앗이 없는 나의 가을 들녘에서
거둘 것이 있을 것인지?
빈 배 움켜쥐고 서둘러 겨울옷으로 갈아입으며
황량한 산하에
나목처럼 서 있어야 하는 것은 아닐지?
두렵다

봄을 잃는 나는
여름이 무르익는 비탈진 언덕에라도
산새도 물고 갈 수 없는 단단한 씨
한 톨이라도 심어야 하리라

호수의 달빛처럼

흐리고 비 오는 날 없었다면
맑게 갠 하늘 광휘로운 태양도
이처럼 내 마음의 바다를
희열로 물결치게 할 수는 없으리라

한낮의 햇살도
느티나무 그늘 아래 쉴 곳이 있을 때
더욱 반갑고
밤의 어둠 속에 잠 들 수 있기에
노을빛은 곱게 물들 수 있다

광풍이 불면
고깃배가 잠시 출어를 멈추면 그만이지
어찌 바다의 포효를 나무랄 것인가
바다도 이따금 미쳐야 산다는데

봄이 저물어 꽃이 진다고
보름달은 외로운 이의 슬픈 노래를
외면하지 않는다
달빛은 고독한 호수에서
더욱 아름답게 빛날 수 있다

초록인들 영원하랴

벚꽃아, 흔적 없이 사라져간 청춘아
아름다운 이 산하 어찌하고
미련 없이 가 버렸나
빌려 쓴 산천이라 정마저 버렸느냐
한 번쯤 뒤돌아 봄 즉도 한데
뒤태조차 안 보이고 손 한 번 안 흔들고
모롱이 돌아서 매정하게 가 버렸나
새 주인 찾아들어 너의 손 때 묻은 거처를
연둣빛 색칠하여 신방을 꾸미는데
너를 추모해 줄
상속자 하나도 안 보이는구나
이어 달리는 세상이라
먼저 떠난 달림이는 잊어야 하겠지만
초록에 밀려 사라져가는 벚꽃이라면
초록인들 영원하랴
벚꽃아, 흘러가는 인생아
너를 위해 내가 울어주니
나를 위해 너도 울어다오

참나무를 보고도

그대여,
얼굴이 박박 얽은 참나무 가지에서
초록 생명이 태어나는 것을 보고도
늙어가는 인생을 서러워할 것인가
바람이 안 불어도 꽃은 떨어지고
새가 울지 않아도 봄날은 간다
찌뿌드드한 등짝
청설모가 긁어주지 않아도
늙은 참나무는 외로워하지 않는다
보리 이삭 뽑아서
피리 부는 소년이 없어도
참나무 잎사귀는 손바닥 펴들고 박수를 친다
그대여,
늙은 참나무 쭈글쭈글한 주름살 계곡 사이로
햇살의 웃음이
물결처럼 흘러가는 것을 보고도
잃어버린 청춘이 다시 오지 않는다고
괴로워할 것인가

청춘이 아름다운 것은

느티나무 잎사귀가 싱싱하게 푸른 것은
꽃이 떨어져 주었기 때문이다
청춘이 아름다운 것은
늙은이가 죽어 주었기 때문이다
고목의 둥치에 새들이 둥지를 트는 것은
노인에게도 배워야할 지혜가 있기 때문이다
강물은 흘러야 썩지 않고
새들이 울어야 산이 즐겁나
죽음은 확실하나 삶은 불확실하다
사는 것이 괴롭다고 화내지 말며
죽음이 두렵다고 겁내지 말고
인생이 늙는다고 서러워 말자

세월은 세월대로 흘러가리라

천안 마라톤 아들 따라 구경왔다
운동장 잔디들 밟혀서 즐겁고
신들린 꽹과리 소리에 하늘 문 열고 나온 햇살도
흥에 겨워 은가루를 뿌린다
사람이 꽃이고 숲속의 신록이며
바다를 헤엄치는 물고기다
초대받지 못한 바람도
건강코스 미니코스 하프코스 풀코스
체력 따라 달리는 건각들 구릿빛 살갗 타고
흐르는 땀방울 닦아주기에 여념이 없다
이토록 많은 사람 한 자리 모여들어
함성으로 하나 되는 잔치는
마라톤이 아니면 찾아볼 수 없으리라
여럿이 달리지만 혼자 달려야 하고
혼자 달리지만 여럿이 달려야 하니
하나와 여럿이 다르지 않네
잔치국수 돼지고기 막걸리는 선수 아니어도
공짜라 마음 편히 드시라
팬티만 걸친 에어로빅 아가씨들 몸놀림에
정신 나간 산새들 노래마저 잊었다
이렇게 아들 따라 다니다보면
나이조차 잊은 채 나는 나대로
세월은 세월대로 흘러가리라

오늘의 이야기가 중요하다

느티나무 푸른 잎은 해가 뜨면
뜨는 대로 빛을 마시고
비가 오면 오는 대로 물을 마시며
달이 뜨면 뜨는 대로
님 생각에 젖어본다

잠시 머물다 떠나야 할 나그네가
삼재팔난을 근심해서 무엇하리
다음 생에 잘 살려고 오늘의 즐거움을
희생하지 않으며
내일 일을 궁리하기 보다는
오늘의 무대 위에 올려놓을
이야기에 더 열중한다

느티나무 푸른 잎은
바람이 불면 부는 대로 흔들리고
새들이 슬피 울면
우는 대로 따라 운다

홀로 먹는 점심밥

사람에게 갈길 묻지 않아도 내비가 다 가르켜주고
손가락 하나로 인터넷 스마트폰 누르면
궁금한 것 다 알려주니
사람 만날 필요 없고 만나봤자 귀찮을 때 더 많아
손가락만 놀리는 바야흐로 이 시대는
대화단절의 시대다
늘어나는 인스턴트 식품
독신자들……
그래서 법정 스님은 '홀로 사는 즐거움'을 노래했던가

김 할머니가 신 할아버지인 나에게 문자를 보냈다
죄송하지만 오늘 점심 약속은 취소합니다
취소의 이유와 사유를 변명하지 않아도 되는
문자의 마력
이런 문자에 답글 보내는 자는 골빈 놈이지
그래, 스마트폰 눌러가며 혼자 먹는 점심밥이
더 맛있는 세상이다

산복도로 걸으며

무림산 산복도로는 날 위해 닦아놓은 길
이 길이 왜 인적조차 찾을 수 없는
원시의 숲길이 되었는지는 묻지를 말자
청설모도 낯선 나를 경계하지 않는 에덴의 낙원인데
뱀이 왜 안 보이나
선악과 입에 물고 이브 따라 도망을 갔나
돌 맞아 죽었나를 알려고도 하지 말자

오탁악세 묻은 때 상수리나무 푸른 잎으로 닦으며
바람을 만나면 바람과 이야기 하고
햇살이 웃으면 따라 웃다보니
어느덧 발걸음은 정상에 섰다
출렁이는 물결 타고 춤추는 고기떼들
나도 산복도로 헤엄쳐 올라온 물고기 한 마리

쫓겨난 아담의 후예들 죄악에 물들어 있어도
오월의 바다가 너무나 싱그럽고
그 속의 산복도로 헤엄쳐 가노라면
어느덧 죄인의 가슴으로도 거룩한 분을 느끼게 되오니
주여,
자비를 베푸소서
노아의 방주를 만들라 명하기에는
아직도 이 세상 의인들이 너무나 많습니다
오월 하늘 아래 신록과 같은

구름

구름이 이따금 뙤약볕 가려주지 않는다면
고래는 하늘을 바다로 알고
진종일 뛰어오르고 있을 것이다
구름이 흘러가지 않는다면
꽃이 지는 것이 싫은 자들이 구름풀 떠와서
계절의 벽에 봄을 붙여 잡아두려 할 것이다
구름이 제 몸을 풀어 비가 되지 못한다면
바다의 용왕을 장대 끝에 매달아
기우제를 지내야할 것이다
구름의 천변만화가 없었다면
보리수 머리 위로
새벽별이 천 번을 쏟아져 내렸다 해도
붓다는 인간의 생로병사와 우주의 성주괴공을
깨닫지 못했을 것이며
예수는 그가 구름타고 승천할 신의 독생자임을
알지 못했을 것이다
생겨났다 사라지고 모였다 흩어지는 구름이 없었다면
님 없는 산하에 홀로 남은 나는
못 잊어 못 잊어 님의 뒤태 바라보다
롯의 아내 같은
소금 기둥이 되고 말았을 것이다

그를 변화시킨 것은

그는 가난한 집 외아들로 태어났다
엉뚱하게도
그는 이기적이나 남들은 이타적이어야 하고
그는 배고픔을 참을 수 없으나 남들은 참아야 하며
그의 성격은 까칠하지만 남들은 너그러워야 하고
그는 남을 용서할 수 없으나
남들은 용서할 줄 알아야 한다고 생각했다

언제부터인가
그는 그와 남이 같을 것이라 생각하기 시작했다
그가 남을 때리면 남도 그를 때릴 수 있고
은혜는 은혜로 갚고 미움은 미움으로
갚아야 한다고 생각했다

그러던 그가 지금은
그와 남이 다를 수 있다고 생각하게 되었다
이따금 남에게 주기 위해
먹고 싶은 것을 참을 줄도 알게 되었다
남의 일에 무관심 하지만
가끔은 남을 위해 그의 소중한 것을
희생할 줄도 알게 되었다

그를 변화시킨 것은 세월이 아니라
구름을 밀고 가는 바람이었다

후회 없는 인생은 없다

후회 없는 인생이 어디 있느냐
성공한 인생들도 다만 후회하지 않을 뿐

상처 없는 나무가 어디 있느냐
벚나무가 꽃 진 자리에 잎 피워 버찌 매달았다고
꽃 떨어진 자국이 아프지 않겠느냐
다만 아파하지 않을 뿐

굴참나무 잎사귀가
떨어질 것이 두려워 눈물 흘리지 않는 것은
소멸의 고통보다 탄생의 즐거움이 더
크다는 것을 알기 때문이다

넘어졌다 일어서고 일어섰다 넘어지며
실수하고 용서하며 상처 받고 꿰매면서
후회의 성을 쌓고 사는 것이 인생이란
이름이다

후회 없는 인생은 없다
현명한 사람들은 후회의 성벽에 서 있어도
다만
후회하지 않을 뿐

호수의 풍경

느티나무 잎사귀가 호수의 방죽에서
푸른 웃음 뚝뚝 흘리고 있습니다
보리피리를 불기에는 배가 고프지 않은
태공들이 호숫가로 모여들어
남아도는 시간을 장대 끝에 매달아
탕진하고 있습니다

떡밥으로 바늘을 숨겨 물고기를 희롱하는
현대판 태공들의 사술은
바늘 없는 빈 낚시로 세월을 낚았던
조상님들 슬기가 돌연변이한 변종으로 보입니다

낚았다 풀어주고 풀어주고 또 낚고…
낚시 바늘 매달려
한 순간 바라본 이 강산 오월의 풍광이
잉어의 눈에는 천국으로 보였을까
지옥으로 보였을까요?

호숫가 느티나무도 생각이 깊어지나 봅니다

강물의 노래가 즐거운 것은

피고 지는 꽃들은 향기와 빛깔을 시샘하지 않는다
꽃 위에 꽃 없고 꽃 아래 꽃 없다
이른 아침 찬 이슬도 골고루 나누어 마시며
벌 나비의 사랑을 독차지 하려 하지 않는다
뿌리와 줄기 소중히 여겨 떨어져 내릴지언정
존재의 원천을 탓하지 아니한다

흘러가는 강물의 노래가 즐거운 것은
바다로 들어가지 전에
원한과 미움 오해와 왜곡으로 얼룩진 지난 일들
진실과 화해로 죄다 털어버렸기 때문이다
바다의 품속에서 하나로
동화되기 위함이다

떠다니는 흰 구름의 춤사위가 신명나는 것은
산 숲에 둥지 튼 새들이 올리는
평화의 기도에 온 몸으로 화답해야하는
율동이기 때문이다

저수지의 물고기가 수면 위로
폴짝 폴짝 뛰어오르며
인간들이여! 그대들의 존엄과 가치를
지켜달라고
그리하여 자유 평등 평화 속에 행복하라고
헌법전 펴들고 충고를 한다

행복의 의미

소나무 숲속에도 찔레꽃은 핀다
깡마른 몸뚱이에 가시 돋아도
찔레꽃의 마음에는 가시가 없어
우람한 소나무도 부럽지 않다

송화를 외면한 벌 나비의 사랑이
찔레꽃에 머문다 해도
사랑을 독식하거나 자랑하지 않는다
찔레꽃 찾아오는 햇살의 발걸음 막지 않는
소나무의 마음을 알기 때문일까

제각각 스스로의 아름다움 마음껏 드러내며
비교하지 않으니
교만도 비굴도 없어 마음 편하다
찔레와 소나무는 다만
서로 다를 뿐 우열을 모른다

오월의 산 숲이 이토록 아름다운 것은
다른 것들이 어우러져 공생하기 때문이다
이들은 모두가 승자이다
성공했기 때문에 행복한 것이 아니라
행복하기에 성공한 것이다

까치의 생각

소나무 꼭대기 까치집은
강풍 부는 날 지은 집이라
태풍이 불어도 넘어지지 않는다

고층으로 올라가는 인간의 아파트를
부러워하지 않음은
의식을 담아 둘 세간이 필요 없기 때문이다

인간의 비행기가 하늘을 난다해도
까치의 날갯짓을 따를 수 없음은
탐욕의 뱃속이 너무나 무겁기 때문이다

개들이 밥을 주는 인간을
그들의 신이라 생각할 때
까치들은
인가의 아파트로 희소식을 알려주는
그들을 인간의 신이라 생각한다

여름의 감옥

봄은 맞선 본 자리에서
커피 한 잔 마시고 사라져간 여인처럼
기억조차 희미하게 왔다가 가고
여름이 초록신방 꾸며놓고 늙은 나를 감금한다
밥만 축낼 백수건달을 어디에 써먹으려고?

여름의 감옥은 조강지처의 품이다
고목에도 잎이 피고
여름새의 노래는 흘러간 유행가처럼
구수해서 좋다
마음 잡지 못하는 떠돌이 역마살 사주에는
자유가 구속이 되고
구속이 자유일 때가 있다

나는 늘 푸른 여름의 감옥에서
영원히 풀려날 수 없는 무기수로 살고 싶다

신록에의 초대

그대여,
신록의 오솔길이 참 아름답습니다
그대와 손잡고 천천히 걷고 싶습니다
이제는 찔레의 허리를 꺾어 단물을 빨지 않아도
배고프지 않은 길입니다
설익은 감자를 서리한 범죄적 행위를
무용담처럼 자랑하지 아니하고
부잣집 자식들처럼 로미오와 줄리엣을 이야기하며
그대의 마디 굵은 손등을 양귀비의 유방인양
살며시 더듬어 보아도 좋을 길목입니다

그대여,
신록의 숨소리가 참 싱그럽습니다
우리의 숨통을 열어 그대와 함께
티 없이 맑고 밝은 사랑의 노래를 부르고 싶습니다
이제는 보리개떡 씹으며
지게목발 두드려 혁명가를 부르지 않아도
화가 치밀어오르지 않는 고요한 숲입니다
산새의 울음마저 그대가 들려주는
사랑의 노래로 들립니다

그대여, 오십시요
잎이 떨어지기 전에 와야 합니다
우리의 가슴
우리의 사랑이 식기 전에 오십시오
신록의 오솔길이 너무나 좋습니다
나 홀로 걷기에는 너무나 아깝습니다

운수사 은행나무

은행나무가 의상대사 손잡고
운수사 뜨락으로 시집 온지도 어언 천년이라
대사들이 오고 가고
외로운 전각들이 분신자살을 하면 다시 살려내고
왕조의 흥망성쇠를 지켜보는 동안
지팡이는 키가 자라 하늘 찌르고
가지에 잎이 피고 잎사귀마다 주렁주렁
진신사리 매달았네

운수사
구름 같은 세상에 물 같은 세월이다
고향이 어디인지
전생이 어떠했는지 묻지를 바라
천년도 하루아침
써야할 역사가 너무나 많다
지팡이가 은행나무 되고
은행나무가 지팡이가 되나니

사는 것이 괴롭고
죽는 것이 두려운 나그네여,
이왕지사 운수사 은행나무 날 보러 왔으니
불수자성수연성(不守自性隨緣成)
의상대사 법성게
한 구절이라도 갖고 가시게

풀지게도 없는데

참나무 잎사귀 손바닥 나날이 넓어진다
풍만한 육질의 자연비료들
들녘 곡식들 진수성찬 앞에 놓고 입맛 다실만 한데
인스턴트 양식 비료에 길들여진 요즈음 곡식들은
조상들 입맛을 잊었을까

계백의 칼처럼 저것들의 모가지를
단칼에 베어버릴까
아직도 내 몸에 배어있는 낫질의 습으로
팔목의 근육이 파르르 떤다

산비탈 돌멩이 보고 석산의 돌을 캐
거부가 된 자도 있고
뽕잎 즙내어 돈방석에 앉은 사람도 있다는데
논밭도 지게도 없어진 내가 어찌하여
들녘 푸성귀의
일용할 양식을 걱정한단 말인가

갚지 못한 전생 빚이 너무 많아서일까
풀이 돈으로 보여 풀 향기에 스며있는
돈 냄새를 맡으려면 아직도 몇 생이나 더
자본의 숫돌로
벼린 낫의 선 날을 문질러야 할 것인가

뿌리와 나뭇잎

비가 내린다
벌컥 벌컥 은행나무 물 마시는 소리
기우제 안 지내고 기도하지 않아도
하늘은 나무의 목마름을 아는가보다

뿌리는 나무의 어머니
잎사귀는 뿌리의 자식들
나무의 입술은 뿌리에 달렸다

비가 내린다
장대비가 쏟아진다
꾸럭꾸럭 뿌리 물 먹는 소리 숨 가쁘다
뱃속 가득 물 담아 두었나
가문 날 잎사귀 먹이려고 억지로 먹는데도
철없는 잎사귀들 뿌리의 노고를 알지못한다

비가 내린다
장대비가 변하여 가랑비가 되었다가
가랑비가 몸 바뀌 소낙비가 되어도
어머니는 고추 모종 해놓고 감자 북 돋우려고
도롱이 눌러쓰고 텃밭으로 나갔건만

철없는 자식들
하늘에서 비 내리듯 밥이 그냥 공짜로
내려오는 줄 알았다
초여름 빗물 속의 나뭇잎처럼

하늘 잃은 배나무

달마사 아래 과수원 배나무들은
포도나무가 되고 말았다
지칠 줄 모르는 인간의 욕망이
너희들 몸통에서 돈 냄새를 맡은 것이다
선악과를 맛본 인간의 지혜가
철사줄로 묶어 하늘까지 오르고픈
너희들의 직립 의지를 꺾고 말았다
이제 배나무 그늘 아래에서
갓끈을 고쳐 맬 선비도 없고
매운 시집살이 설움을
눈물로 닦아낼 여인도 없게 되었다
골다공증을 앓는 노인으로 보이지만
아직은 이팔청춘 젊은 몸에 피가 끓는데
죄명도 알 수 없이 허리 굽은 채
푸른 하늘 외면하고 땅만 보고 기는가
배나무여, 울어라 너희들 슬픈 운명을…
그래도 보름달 둥근 자식들
등줄기에 주렁주렁 달리는 날
배나무여,
웃어라 너희들 그 눈물 나는 인내의
아름다운 결실을 위해

구름은 어디로

유리벽 파아란 하늘 해님이 웃는다
햇살 손수건으로 톡 톡 톡 물기 터는
목욕한 산 숲의 초록 잎새들
열여섯 소녀의 젖가슴이 부푼다

짝 잃은 뻐꾸기야 울지를 마라
여기는 맨살로 뒹굴어도 흉 되지 않는
신록의 잔치 한마당
사랑노래 부르면서 새 짝이나 찾아라

하늘이 푸르니 땅도 푸르고
숲이 즐거우니 새들도 즐거운데
구름이 안 보인다 어디로 갔나
험한 손 걸레 삼아 유리창 닦고
사대육신 빗물 되어 자식 때 닦으신 후
홀연히 스러져간 어머니처럼

구름 같은 어머니에
자식 같은 하늘땅이
구름 없는 맑은 날에 저희들만 모여들어
즐겁다고 낄낄대며 잔치를 하네

저승길의 이정표

은행나무와 느티나무가 나란히 서 있는 마당 한쪽
평상 위에 여름이면 어린 소녀와 할머니가 삶은 감자를
설탕에 찍어먹으며 정담을 나누고 그 아래로
살찐 멍멍이가 게으르게 낮잠을 자고 있는 산 아래 기와
집은
이따금 내가 꿈에 보았던 집과 너무나 닮았다

어린 시절 내가 살았던 집은 뜰에 은행나무가 없는
초가집이었으니 꿈에 나타나는 그 집이 고향집은 아닌데
그 집 근처에만 가도 어머니와 나의 살냄새가
물씬 물씬 풍길 정도로 낯설지 않게 느껴지는 까닭이 무
엇일까

내가 실례를 무릅쓰고 대문도 사립문도 없이 개방된
그 집으로 어슬렁어슬렁 걸어들어가도
잠든 멍멍이가 일어나 컹컹 짖지도 않고 할머니와 어린
소녀 역시
아무런 경계의 눈초리를 나타내지 않을뿐더러
할머니는 감자 그릇을 살며시 내 앞으로 내밀며
감자 하나 잡숴보이소 한다

나는 그 집과 나 사이에 맺어진 인연의 고리를 풀어내기
위하여
조용히 눈을 감고 전생의 골목과 거리를 아무리 더듬어
보아도
내비게이션도 안 통하는 그 길은 더듬을수록 오리무중
이다

나는 그 집을 내 소유로 만들기 위해 복덕방을 뻔질나게
찾아다녔지만 할머니는 그 집에서 이승의 마지막 밤을
보내겠다며
한사코 팔기를 거부했다

나는 혹시라도 그 집이 다음생의 내집이 되어 내가 그 집
찾아
다시 올런지도 모른다는 생각이 들어
내비도 없는 저승길에 미리 이정표라도 달아놓을 요량
으로
이 산 저 산 나뭇가지마다 어떤 풍화(風火)에도 소멸되
지 않을
붉은 천을 줄줄이 매달아 놓았다

제4부

나의 그늘은

느티나무는 그늘을 위해 살고 죽는다
느티나무 그늘 아래 가부좌 틀고 앉아있으면
보리수 아래에서 깨달음을 얻었다는 불타가 그리워진다
어머니가 촘촘하게 짜놓은 명주베처럼
여섯 손가락 활짝 벌려 직조한 비단같은 마음 다잡아
만들어놓은 그늘 아래 모여든 사람들이 피우는
이야기 꽃 속에 조용히 흐르는 휴식의 즐거움을 맛보게
된다

느티나무가 마을 앞 천하대장군으로 버티고 서 있거나
산비탈 당집 앞에서 울긋불긋 색동치마저고리 입고
굿판 벌리면서 마을의 안녕과 평화를 지켜주는 것은
나무의 가슴 속에 그늘의 마음이 깃들어있기 때문이다
고목이 된 허리춤에 새들이 둥지를 품고 살아도
천년수를 누리는 것은 목숨이 다 하도록 베풀어야할
그늘의 책무를 버릴 수 없기 때문이다

그늘이 없는 느티나무는 이미 느티나무가 아니다
나의 몸과 마음이 만들어내는 그늘 아래에도
모여드는 자들이 있을 것인가
그늘이 있기는 있는 것일까
개미 새끼 한 마리 쉬어갈 수 없는 사막같은 뜨거움만이
작열하고 있는 것은 아닐까?

녹음이 짙어갈수록

필운산 녹음이 짙어갈수록
마음 속 시름도 깊어만 가네
지금도 그 산에는 부엉이 울고
화전밭 청보리도 익어가리라

흘러간 강물은 옛 물이 아니어도
앞 강물은 쉼 없이 옛 노래 부르면서 흘러가고
감자는 익어서 수제비 몇 그릇쯤 끓일 만 하고
산나물 뜯어 와서 바가지에 보리밥 물 말아
먹을 만 한데

남겨두고 떠난 미련 많은 이 세상
살고 싶은 땅 위로 잎들이 무성한데
고적한 산중심처 오도카니 둘러앉아
님들이시여,
서러운 전생담이나 나누고 계시는지요

필운산 녹음이 짙어질수록
외로운 가슴 속 멍든 상처도
부엉이 울음 따라 깊어만 가네

풀향기 입에 물고

필운산 영마루에 새 아침 밝아오니
이슬 먹은 풀향기 폐부 속 스며들어
마음밭 땟자국들 이슬처럼 녹아나네

잠을 깬 새떼들 이슬로 세수한 후
햇살 찍어 분 바른 후 출근길 재촉하니
산 아래 원두막도 헌 벽을 도배한다

푸르러진 들녘에 경운기 소리 들려오고
남풍이 불어와서 벼이삭을 흔드니
땅내 맡은 벼들도 그리운 정 못 잊어
검은 눈물 쏟으며
떠난 님을 부르는데

그대여,
녹음이 지기 전에 이리로 오세요
이슬에 목욕한 싱그러움 그냥 지닌 채
풀향기 입에 물고 어서 오세요

강냉이 씹으며

옥수숫대 등신대로 자라니
내 의식의 저장고에 잠들어있던 감미로운 추억들이
강냉이 구슬처럼 알알이 익어 허공의 화면 위로
영상처럼 떠오른다

도시의 들녘 허물어져가는 원두막
강냉이 삶는 물 끓는 소리 퐁 퐁 퐁 솟아오르는
수증기 속에서
어머니와 누님이 하모니카를 부시는데
내가 없는 쌀밥을 달라고 투정을 하니
이웃 집 김 노인이 수박 한 덩이 들고 와서
담배 한 대 꼬실리며
마누라 자랑에 정신이 없다

삶은 강냉이 한 개 들고
한 알 한 알 뜯어 씹으며
도시의 들길 산길 걸어갈 때
이빨에 씹히어 혓바닥을 적시는 추억의 향기가
맑고 고운 에너지로
나의 삶을 설레게 한다

들판에 옥수숫대 사라지면
같은 키의 허수아비는 친구 잃은 슬픔을
무엇으로 달랠 것이며
나는 또 어떤 추억을 씹으며 산야의 거리를
누벼야 할 것인가
세월은 아직 대답이 없다

이래도 좋고 저래도 좋다

산바람 풀 향기에 묻혀 살아도
나를 욕하는 사람도 있고 칭찬하는 사람도 있다 하니
내가 아직 세상으로부터 온전히 잊히지 않고
세인의 관심권 안에 머물러 있다는 것이니
어찌 즐겁지 아니하랴

욕하는 사람은 욕할만한 이유가 있을 것이니
그 이유 찾아내어 반성하고 참회하면
욕이 약이 될 것이고
칭찬하는 사람은 칭찬할만한 이유가 있을 것이니
그 이유 알아내어
용기 백배 진일보할 수 있을 것이니
그 또한 고마운 일 아닌가

동산 밤나무가
바람이 불면 부는 대로 흔들흔들 좋아하고
비가 오면 오는 대로 꿀꺽꿀꺽 물마시고
즐거워하며
날이 새면 해 떠올라 기분이 좋고
밤이 되면 별이 솟아 즐거워하듯
이래도 좋아하고 저래도 좋아하니
그 마음이 극락이다

비가 오려면

노인의 뼈마디가 아파오면 비가 오던데
개구리가 울어대니 비가 내리네
비가 오려면 개구리의 뼈마디도 저려오는가

팔각정 놀이방도 오늘 따라
나그네 한 사람 찾아들지 않아
마룻바닥 목침들도 독수공방 지키느라
쓸쓸하깃다

흰 돌 검정 돌 희롱하며
성난 뼈마디 달래야 하는데
할멈도 없는 박 노인은 방안에 틀어박혀
무엇을 하나
책을 읽는다고? 그 나이에 기억에 남지도 않을
책은 읽어서 뭘 하나

비가 내린다
이왕이면 주룩주룩 내려다오
팔각정 외로운 목침이나 끌어안고
무소의 뿔처럼 혼자서 잠들리라

가뭄

찌푸린 하늘
구름떼 모여들어 금세 비로 내릴 기세이더니
기우제를 올리지 않은 인간의 정성이 부족해 보여
변심을 했는지 바람의 말을 타고
하늘의 뒤뜰로 숨어버렸다

구름 떠난 하늘은 물 없는 유리바다
갈증에 헐떡대는 초목들이
물기 없는 수면에서 수영을 하고
땅 위에 부복한 채 메마른 입을 열어
천천세를 부른다

점을 치는 사람들은 복채가 부족하다 하여
비를 부를 비방조차 알려주지 아니하고
하늘도 뇌물의 액수가 마음에 들지 않아
기어코 비를 내리지 않을 기세이다

세금 받아먹고 하는 일기예보도
누구에게 물어서 하는 것인지
틀릴 때가 더 많은데
그대여, 변심한 애인을 원망하지 마라

남녀 간
애정이 변하는 건 너무나 당연하다

땅의 가르침

정직한 땅은
논밭에서 솟아오른 벼이삭의 빛깔로도
주인의 근태를 알려준다
심은 대로 솟아나고 가꾸는 대로 자라나는
인과의 법에 예외가 없음을
감자꽃의 향기로도 가르쳐준다

땅은 곡식을 키우되 스스로 취하지 아니하며
봄 여름 가을 기르고 가꾸는 것을 즐거워하되
가을바람 불어오고 무서리 내리면
떠나야할 것들에 집착하지 않는다

심지 않는 자들이 거두려하고
가꾸지 않는 자들이 우연에 기대어
얻으려 하니
세상이 시끄럽고 전쟁이 일어난다

공기처럼 만인의 소유이어야 할
정직한 땅을 부정한 자들이
과점하고 있어도 땅은 여전히
물처럼 바람처럼 정의를 가르친다

인생의 맛은

고추모종 한지가 엊그제 같은데
꽃이 피었다가 어느덧 줄기마다
유치원생 잠지 같은 고추들 주렁주렁 매달고
금세 오줌이라도 갈길 기세다

고추밭 매다 독사에게 물려 죽었다는
살구나무집 순이가
산 아래 외딴집 장독대에서
잘 익은 살구로 다시 돌아올 때쯤이면
고추들은 온 몸 약 올려
매운 맛으로 물들 것인데

친구야
너와 나의 인생행로에선
늙어가는 몸뚱이에 무엇을 맛들이며
걸어가야 할 것인가
시간은 얼마 남지 않았는데
할 일 너무 많아
우리들 인생은 맛들 날이 없구나

염소목장

산 아래 세평 남짓 우리 안에
열 마리의 염소들이 살아간다
주인은 목장이라 하지만 염소들의 감옥이다

철조망 너머에는 드넓은 초원
진수성찬 차려놓고 잔잔한 물가로 나오라
손짓하지만
먹고 자고 싸면서 몸집 불리는 일만이
유일한 생의 목적으로 되어버린 염소들의
거주이전의 자유를 지켜줄 자는 아무도 없다

저들의 전생 죄업을 탐욕으로 보기에는
죄인들 눈동자가 너무 착하고
풀만 먹고 살아가는 식습관이 너무나 소박하다

무용지물 되어버린 뿔은 머지않아 퇴화될 것이고
푸른 초원 한 번 달려보지 못하고 죽어버린 저들은
죽어서 과연 무엇이 될 것인가
저들의 포악한 주인과 공범관계에 있는 모든 인간들은
또 어디로 갈 것인가

인간의 목장에는 염소와 같은 죄인과
염소 주인 같은 인간은 없을 것인가

감자밭 할머니

도시의 들녘 유월 염천 등에 지고
밀짚모자 눌러쓴 채 감자밭 북돋우는 할머니
들썩이는 어깨 위로 슬픔이 흐른다

고픈 배 움켜쥐고 보릿고개 넘어가던 시절
낯설지 않았던 풍경이
어느 유명화가의 그림처럼 내 눈에
아름답게 비치는 것은
내 배가 부르기 때문일까

지금 복지회관에선 초면의 할머니 할아버지들이
손 발 맞춰 실버댄스를 즐기고
주민센터 노래교실은 노인들로 붐빈다는데
감자밭 할머니는
보릿고개 넘다가 굶어죽은 자식생각이라도 하는지
춤도 노래도 관심이 없으시다

흐느끼는 목덜미 위로 불고 가는 바람이
할머니 눈물 닦아주니
허 허 웃는 금이빨 반짝 빛나고
땅 속 감자들도 몸집 불리면서 즐거워한다

나무의 마음

동산의 나무들도 소통하고 싶어한다
반짝이는 눈빛 반가움 알리고
벌레들 울음에도 쫑긋 귀 세우며
스쳐가는 바람에도 손을 흔든다
노래를 들려주면 키가 큰다 하지 않더냐

나무라고 외로움을 모르겠는가
소나무 얼굴 위로 흐르는 주름살은
외로운 밤 달빛이 파놓은 슬픔의 강물

나무의 언어를 알아들으려면
나무처럼 욕심 없이 살아야 하고
나무의 마음과 통하려면
나무의 마음으로 돌아가야 하리라

목석같은 사람이라 말하지 마라
나무들이 화낸다
나무들은
사람 같은 나무를 싫어하니까

까치가 부러운 사람

비운산 까치들은
소나무 우듬지에 원룸 한 칸 지어놓고
부모 자식 한 방에서 오순도순 살아간다

입 하나로
집 짓고 일하고 밥 지어 먹으며
말 하고 노래하고 사랑을 하며
이따금 전쟁도 치른다

달 밝은 밤이면 푸른 하늘 우러러
시 한편 지어놓고
태풍이 불어오면 날개 이불 둘러쓰고
늦잠을 잔다

일용한 양식은
들판 가득
하늘이 뿌려놓은 만나와 메추라기

일가친척 하나 없는
불구의 청년 실업 노숙인 한 사람
까치집 바라보며 약봉지 펴놓고
먹을까 말까 고민이 깊다

사약일까? 보약일까?

비 내리는 여름밤의 고독

개구리가 울어대니 비가 내리네
달도 별도 없는 밤
형광등 불빛 저리 밝아도
눈 먼 모기 한 마리 날아들지 않는데
창문을 두드리는 빗방울 소리
행여나 님이신가 문 열어봐도
칠흑 어둠속 울부짖는 뇌성뿐

이런 밤은 풋 감자 삶아 소금 찍어 먹으며
을순이 첫날밤 이야기나
공동묘지 귀신 나오는 이야기가 제격인데
애꿎은 스마트폰 장난질에
손가락만 아프다

비오는 날 여름밤은 등대 없는 바다
고독의 바다 위를 괴롭게 흘러
기항지도 알 수 없는
불면의 항구에서 닻을 내린다

늦잠이 들었는가

비가 내린다
동산 초목들
가뭄의 단비는 웃으며 마시더니
추적추적 장맛비는 울면서 먹네

깜냥대로 그릇대로 먹고 남은 빗물들
길 따라 강 따라 흐르다보면
외로움에 지쳐서
바닷물 끌어안고 태풍이 될 것인가

아침 굶은 까치들 한기에 떠니
넝쿨장미 빨간 입술 빗물로 씻어
마음으로 지은 아침밥 한 그릇
비에 젖은 둥지로 실어보낸다

흙탕물 노래하는 개울가엔
떨어진 밤꽃들이
차표 한 장 들고서 작별을 고하는데

그대여
오늘 아침 장맛비에 늦잠이 들었는가
나의 야윈 가슴 우산 펴들고
기다리노라

달마의 대답

양무제에게 쫓겨난 달마의 넋이
비운산 선방 은행나무로 서서
고독을 화두 삼아 벽관수행 중이시다

구름이 헐뜯어도 화내지 아니하고
햇살이 칭찬해도 우쭐대지 아니하며
청설모 다람쥐가 가지 끝에 매달려 싸움질해도
시비선악 가리지 않고
해가 뜨나 비가 오나 언제나 즐겁다

마음 아픈 중생들이
피 묻은 혜가의 팔을 들고
언덕길 올라가며 도를 구하니

겁에 질린 대사님
세상에 길은 없으나 길 아닌 것도 없으니
가야할 길
그대 마음에게나 물어보라 하시더라

정진바라밀

부슬비 내리는 날
아스팔트 길바닥 틈새 뚫고 올라오는
잡풀을 보시라
빗물 들이키는 소리
엄마젖 물고 빠는 영아의 숨소리

밟아도 뽑아도
쉼 없이 올라오는 삶의 몸부림을
어찌 욕심이라 할 것인가
그 비상의 용틀임을
어찌 분노의 표출이라 할 것이며
그 기약 없는 행진을 어찌 어리석다 할 것인가

잡초 같은 인생이라 자책하지 말자
변화하고 발전하며 성장하는 것이
살아있는 것들의 의무라 했고
인생의 낭비를 중죄라 했거늘

잡초가 변하여 약초가 될 때까지
한 가닥 붉은 마음
죽으면 죽으리라 용맹정진 뿐

법성포

꼬막들의 천국이나 인간들의 지옥이다
인간의 죄업이 하도나 많고 깊어
아귀지옥 화탕지옥 갈산지옥 무간지옥 등속에
뻘지옥 하나 더 만든 것일까

인도 스님 마라난타 등에 업혀 오신
아미타 부처님
산징에 좌정히여
나무아미타불 나무아미타불
열 번만 부르라고
천수천안 내미시는데

탐 진 치 삼독심 끌어안고
움직이면 움직일수록 더욱 깊이깊이
뻘 속으로 파고드는 중생의 머리 위로
하늘의 흰 구름 무심히 흘러가고
한줄기 바람이 서늘히 분다

양심을 깨우는 바람

여름의 미풍은 나무들의 양심을 깨우는 예언자
소나무 전나무들
작년 여름 산사태가 긁어놓은 허연 생채기
아물지 않았으니
금년 태풍님 제발 그냥 스쳐지나가 달라고
기도 중인데

고난이 경험과 교훈으로 익어
성숙의 열매로 뿌리 뻗지 못한
게으른 자의 기도는 산신령도 외면할 것이라는
바람의 질책이 따갑다

기도의 약발은
기도의 내용이나 형식이 아니라
기도자의 삶에 의한
진정성의 증명으로 나타나는 것이며
이것이 기도의 양심이란다

세상이 시끄럽고 어지러운 것은
산의 양심을 깨우는 여름의 미풍이 불지 않고
나무뿌리가 상처 난 언덕으로 뻗을 줄 모르듯
게으른 자들이 몸을 움직이지 않으면서
기도에만 목청을 높이기 때문이다

움직이지 않는 기도는
행동하지 않는 양심이다

생명의 핏줄

비가 내린다
기우제를 올리지 않고 누가 시키지 않아도
비는 스스로 내린다
그 소신공양 받아먹고 생명의 핏줄 돌아간다
산초나무 소나무 뿌리들 바위틈의 이끼들
비탈길 개미들 산 아래 저수지 풀벌레 새끼들
저마다 생긴 대로 입 벌리고
꿀꺽 꿀꺽 물 미시는 소리 즐겁다

빗물이 개울물로 개울물이 강물로
강물이 바닷물이 될 때까지
물은
감자밭 옥수수 밭 들어가
고달프고 메마른 삶의 이야기 다 들어주고
무논 찾아가 태양으로 수태한 임산부의 젖꼭지에
물 한 컵 적셔주며
새벽별 눈물 길러 들풀의 양식으로
이슬꽃을 피운다

비가 내린다
갈증을 풀고 물을 마신다
내 몸의 칠 할은 물이 되었다
나의 물은 어디로 흘러 무엇이 될 것인가

내일 지구의 종말이 온다 해도

태풍이 분다
내일 지구의 종말이 온다면
한 그루 사과나무를 심기 전에
운동장 화단에 열려있는 풋살구 한 개라도 따와서
사랑하는 사람과 최후의 만찬을 즐기리라

내일 지구의 종말이 온다면
아프리카 대륙을 팔아서라도
감옥의 죄수를 모두 풀어
우주여행을 보내 주리라

내일 지구의 종말이 온다면
권력과 돈 명예의 밧줄을 끊어 불에 태운
재로 만든 먹을 갈아
지구별의 여행이 즐거웠다는 오도송 한 수 적어
별나라 집배원에게 전해 주리라

태풍이 분다
내일 지구의 종말이 온다 해도
오늘 밤은 일찍 잠들어 늦잠을 자야겠다

식품공장

지구는 끊임없이 가동하는
하나의 커다란 식품공장
난생 태생 습생 화생 등속 9류 중생 들
공장 돌리기에 여념이 없다

은행나무가 알을 품으니
무논의 벼들도 덩달아 알을 품고
개들의 자궁이 강아지를 만들어
세상에 내 놓으니
참새들도 흥이 나서 짝을 짓는다

사람들은 쉼 없이 이것들을 비벼서
하마 같은 입을 열고 군불을 지핀다
지구의 공장장은 인간들이다

신보다 유능해진 인간들이 신을 부리며
공장을 돌린다
더 잘 먹고
더 많이 먹기 위해서

회삼귀일

살구가 익어간다 회삼귀일 일불승으로
살구의 일생은 수도승 한 평생

초록빛 풋살구는
새소리 물소리 발람소리 들어서 깨치는
성문승이라
사제 팔정도로 익어가고

연분홍 빛깔의 외로운 살구는
밤하늘 별을 보고 선정에 들며
거미줄 한 자락도 뜻을 살펴서
스스로 깨치는 독각승이라
십이연기 수행으로 익어가고

회색으로 영글어 더욱 부드러워지는
불혹의 살구는
상구보리 하화중생 자리이타
육바라밀로 익어가는 보살승인데

살구가 다 익었다
환하고 발갛게 물이 든 성불의 경지
살구가 익어서 부처가 되니
부처는 다시 익어 살구씨 하나 두고
가시는구나

빈 배로 떠서

오늘처럼 추적추적 비 내리는 날
지난 세월 생각나도
추억의 앨범 속 빛바랜 흑백사진은 꺼내지 말고
생기발랄 커 오르는 베란다 화초들
새 아침을 깨우는 푸른 소망을 찍자

기억조차 가물가물해진 옛 친구의
전화번호 찾아 때 묻은 수첩 뒤적이지 말고
새 수첩에
오늘 만나야하고 만나고 싶은 들풀의 이름과
듣고 싶고 들려주고 싶은 이야기나 메모해 두자

친구로부터 전화가 와도
지나간 이야기는 꺼내지 말고
화제가 궁하면 함께 살아가고픈
천국의 그림이라도 그려보리라

옛 애인에게서 전화가 오면
연애시절 이야기는 꺼내지 말고
남편 안부는 묻지도 말며
밥 잘 먹고
똥 잘 싸고 잠 잘 자느냐만 물어보리라

오늘처럼 추적추적 비오는 날
그래도 울컥한 마음 안 풀리면
흙탕물 흘러가는 강변에 서서
내 마음 훨훨
강물 타고 흘러가는 빈 배가 되자

바람

눈도 코도 없는 것이
음침한 동굴 겨드랑이까지 파고들어
연인의 키스보다 더 감미롭고 부드러운 손길로
맹하의 피로를 풀어주는 것일까
가슴 깊은 곳까지 스며들어
오물처럼 쌓인 번뇌의 찌꺼기를
말끔히 씻어주는 것일까

호수의 수면 위로 사푼사푼 거닐면서
물속으로 내려온 하늘과 낮달 살랑살랑 흔들어
잠든 잉어들을 깨워주는 것일까

바람은 무슨 재주로
느티나무 잎사귀와 아카시아 잎사귀가
정답게 마주 바라보고 서서
저토록 신명나게 춤추게 할 수 있을까

바람이 미치면 광풍이 되고
화가 치밀면 태풍이 되지만 바람의 본성이
온유와 겸손 화해와 용서
자비와 사랑이기 때문이다

바람 난 연인을 용서하라
불고 가는 바람을 누가 잡을 것인가
사람은 너나없이 역마살 팔자로 태어나
천지사방 떠도는 바람들이다

한풍루(寒風樓)

여기는 무주땅 유서 깊은 한풍루
적상산 산들바람 푸른 잔디 싱그러운데
한풍루 찬바람이 웬일인가

만세삼창 외치시다
옥고 끝에 산화하신 전일봉 선생
육이오 참전용사 월남참전용사님들
국민방위군 충혼탑에 잠드신 호국영령들

대리석 비석 끝에 나투시어 사자후 토하시다
한 서린 이 겨레 통한의 세월
이루지 못한 꿈 너무 서러워
마음 속 깊은 곳 녹지 않는 눈이 쌓여
유월 염천에 찬바람이 되셨는가

구천동 맑은 물은 신라 백제 벽을 헐어
남북으로 흐르는데
벚나무 꼭대기 내려앉은 매미들은
누구를 위해
곡비처럼 구슬프게 운단 말인가

한풍루여, 잘 있거라
떠도는 길손이라 다시 온다 말 못해도
한풍루 네 이름에도 마음만은 언제나
잔잔한 미풍으로 나그네 시름 어루만지는
온풍루가 되어다오

성묘

부모님 누님 누워 계신 곳은
아늑하고 포근하였다
개울물 졸졸 흘러가고 솔바람 풀 향기 싱그러우며
산새들 지저귀고 매미들이 목 터지게 울고 있었다
이날까지 밥 굶지 않고 살아가는 것이
부모님 누님 은덕과
좌청룡 우백호의 명당 길지 때문이리라

공적한 산골 말벗조차 없는 곳에
친구처럼 놀러온 아카시아 새순들
낫으로 베어내고 농약으로 확인사살 하는 것이
잘 하는 짓인지 못하는 것인지 물어보고 싶지만
그 말 알아듣기에는
산자와 망자의 거리가 너무나 멀다

말 없는 묘봉 앞에 한 잔 술을 올리고
엎드려 절하면서 호곡으로 불러보아도
첩첩상중 먼 곳에서 메아리로 돌아올 뿐
공중을 나는 잠자리조차 외로움에 지쳤는지
멍한 눈망울에 눈물이 돈다

부모님 누님 잘 계시라고
다시 한 번 절하고 돌아서는데
먼 산 뻐꾸기가 뻐꾹 뻐꾹 울면서
그대 이곳으로 이사 올 날도 그리 멀지 않으니
그때엔 친구하여 함께 놀아 보잔다

영덕대게

여기는 영덕땅 대게들 세상
대게모텔 608호 창문 열어놓고 잠들었더니
늙은 몸뚱이에 아직도 즐길 것이 있었는지
모기들 입맞춤에 목덜미가 가렵다

어제 저녁 먹은 대게들 이름 값 하느라고
든든한 뱃속이
오늘 아침 한 끼는 굶자고 하는데
아침 산책길 떡 방앗간 지나갈 때
구수한 떡 냄새 콧속으로 스며드니
간사한 뱃속이
영덕 인절미 몇 개라도 맛 좀 보잔다

소도시의 할머니들 공원길 걸으며
한 백년쯤 살다가 꼴까닥 죽자고
태극기 앞에서 맹세를 한다

오늘 아침 식사는 떡으로 때우고
해수욕장 들러서 개구리가 되었다가
대게나 한 마리 더 뜯어먹고 올라가야 하는데
그 놈의 영덕대게가 입속으로 넘어가면서
이름값도 못하는 어중간한 인간이
감히 영덕대게를 함부로 먹느냐고
대들 것 같다

고래불 해수욕장

왜 이름이 하필이면
고래불이냐고 묻지를 말자
고래불 긴 자루에 용마루 꽂았다니
고래 불알이라고 짐작만 하자
갈매기 대동하고 불알에 요령소리 나도록
세차게 달려오는 저 질풍노도의 바다와
춤추는 파도를 보라

백사장 거닐며 모래 위에 찍어놓은
수많은 발자국도
처얼썩처얼썩 밀려와 통곡하며 부서지는
물거품에 흔적 없이 사라지니
생의 모든 집념들이 결국은 해변의 포말로
부서져 흩어져 사라지기 위함이었더란 말이냐
내 인생 발자취도 저러하리라

바닷물에 더욱 잘게 쪼개지는 은빛 모래알들
수평선 저 멀리 돛 단 배 바라보며
불어오는 해풍에 기다림에 지친 듯 몸을 맡긴다
그리움도 사무치면 눈물이 되니
바다가 울기 전에 길을 떠나자

여행의 성과

2박 3일 짧은 국내 여행 끝내고
집으로 돌아왔다
나의 집처럼 좋은 곳 없음을 알게 되었다는 것이
여행이 가르쳐준 교훈이었다

허름한 아파트가 관광호텔보다 아늑하고 편하며
아내의 잔소리가 음악처럼 들리고
베란다의 화초들
어항 속 금붕어조차 새롭게 정답다

욕조에 들어가 여독을 풀고
수박 몇 조각 먹은 후
소파에 누운 채 잠들어 꿈 한 번 꾸지 않고
한 숨 자고 일어나니
멀리서 들려오는 꼬끼요 꼬끼요 닭 울음소리
환지본처 돌아온 내 마음은
십우도 그림 속의 소먹이는 목동이다

극락이 따로 없고 여기가 극락이며
배고프면 밥 먹고 졸리면 자고
피곤하면 쉬는 것이 진리요 도인 것을
알 것만 같네

그러면서 사는 것이 인생 아닌가

비 오는 날 소풍 나온 지렁이를 밟은 것은
뙤약볕에 불 타 죽은 지렁이로 생일잔치 벌이는
개미떼들 보는 것보다는 덜 잔인하다

비 오는 날 개구리 떼 지어 우는 것은
즐거워 불러대는 노래일까
강물 따라 흘러가는 자식 생각에
슬피 우는 통곡일까
쓰나미가 휩쓸어간 자식 손 놓치고
호곡하는 어머니의 피맺힌 절규 소리
듣는 것보다는 덜 비극적이다

아시아나 비행기에 불타 죽은 사람들 소식
들어야 하는 것은
그래도 관동대지진 때 희생당한 겨레의 역사
읽는 것보다는 덜 괴롭다

비극 위에 비극 있고 슬픔 위에 슬픔 있으니
그래도 그만하기 다행이라 생각하며
위로하고 위로 받으며 도와주고 도움 받으며
그럭저럭 사는 것이 인생 아닌가

보배역 새 아침

여기는 보배역 새 아침 밝아오고
오가는 사람들 많은데
노숙인 몇 사람 한 밤중이다
마분지 몇 장 깔고 검정 우산으로 얼굴 가리고
코고는 소리
돼지꿈이라도 꾸고 있는 것일까
잠을 깬 몇 사람 막걸리 한 병 옆에 두고
담배에 불 붙인다

저렇게 살아도
여름 한철은 견딜만하겠다
친구도 있고 술 담배도 있고
무엇보다 자유가 있고
세상 미련 다 버린 몸 당장 죽는다 해도
두려울 것 없으니
마음마저 편할까?

쓰레기통 뒤져서 담배꽁초 몇 개 줍고
빈 막걸리 병 던지며 자기 얼굴 거울에 비춰보고
쓰레기 인생이라 피식 웃을 때
한 줄기 바람이
사람 위에 사람 없고 사람 아래 사람 없으니
힘내라고 하더라

그대여, 등불을 켜라

마음은 한 곳에 머물지 못하고
물처럼 흘러가고 바람처럼 쏘다닌다

마음은 스스로의 창고를 비워두지 아니하고
무엇으로든 채우려한다
희망이 아니면 절망으로
기쁨이 아니면 슬픔으로
밝음이 아니면 어둠으로

빈 하늘 허공도 이따금 구름을 품어야하고
숨어 우는 산새도
산벚이 물어다주는 버찌 먹을 때에는
웃어야한다
허리 아픈 고목은 가지 끝에 피어오른
잎을 보고 즐거워하고
외로운 상수리나무도 밤하늘 별을 좇아
어둠에서 빛을 본다

그대여, 세상이 어두운가
어둠을 쫓아내려고만 하지 말고 등불을 켜시라
사는 것이 괴로운가
괴로움을 밀어내려고만 하지 말고
그대 마음의 창고를
긍정과 희망으로 채워 보시라
여름의 산들이
마음의 곳간을 녹음으로 채우듯

내가 먹고싶은 밥

신록의 빛깔 물 찬 제비처럼 청순하고
코끝으로 스미는 향기가 저토록 싱그러운 것은
먹는 밥이 깨끗하기 때문이다
초목의 밥은 물이다
밥이 피로 녹아 뼈와 살 되고
기와 활력 되어 사랑을 하고 자식을 낳는다

절제된 욕망으로 물만 먹어도 배고프지 않고
이기심의 노폐물 배설하지 않아도
나날이 성숙하여 마침내 숲을 완성하고야마는
초목의 지혜가 부럽다

물만 먹고 살 수 없는 인간인지라
오줌똥 안 싸고 어찌 견디랴만
밥을 가려 먹어야 한다
자리이타 숟가락으로 티 없이 순결한 정신의
자양분을 골라 먹어야 한다

향기로운 신록을 닮아가기 위하여

누님의 포도밭

하늘이 문 열어 햇살 보내니
땅들이 끌어안고 식물을 낸다
햇살이 즐거워 방긋 웃으니
포도나무 잎사귀도 여린 손 치켜들고
따라 웃는다
포도나무 가지가 허리 찢어 잎사귀를 낳으면
잎사귀는 줄기 찢어 포도알을 내 놓는다

햇살은 포도의 아버지
땅은 어머니
어머니가 요리한 햇살의 밥을 먹고
포도는 자라서 어른이 된다

고향집 장독대 꽃밭에도
해마다 이맘때면
누님이 심어 가꾼 포도나무가
청포도 예쁜 알을 내밀었는데

그 나무 그 잎사귀 어디로 가서
누님도 안 보이는 하늘 땅 사이에서
그리운 사연들 송이송이 내밀면서
환한 이빨 드러낸 채 웃고 있을까

민들레와 잠자리

바람에 실어 꽃씨를 멀리 멀리 출가시킨
민들레 대궁 위로 잠자리 한 마리 날아들어
이별의 슬픔을 위무해 준다

존재의 실상이 무상(無常)이지만
어리석은 자에게는 그것이 고통이 되나
지혜로운 자에겐 기쁨이 되며
이별이 있기에 만남이 있고
죽음이 있어서 사는 것이 즐겁다 한다

민들레 대궁이 잠자리 입술로 눈물 닦은 후
삭발한 머리로 말문을 열어
위로의 말씀에 화답을 한다
잠자리여,
허공을 즐기되 집착하지 말 것이며
한 평생 날갯짓으로 바다의 태풍을 만들지라도
한 움큼도 갖지 말고 그냥 두고 가시란다

민들레 노란 꽃잎 하얗게 익어서 꽃씨 되어 날아가고
잠자리 떼 모여들어 한 세상 즐기다가
여름 한 철 등에 업고 떠나버리면
무상한 세월 속에 착할 것 취할 것 하나 없이
민들레 잠자리의 말씀만 남는가

화두

승용차가 또 고장났다
부속을 갈라한다

수리를 해서 타고 다닐까? 차라리 팔아버리고
새 차를 살까 자전거를 살까
차 없이 살아볼까
이해득실을 계산해 본다

내 몸뚱이가 또 고장이 났다
병원에 갔다
독한 약을 또 한 가지 더 먹으라 한다

약을 먹을까 말까
차라리 폐차해 버릴까? 를 놓고
누가 이해득실을 계산하고 있을까
부모님 뱃속 들어가기 전 본래 진면목!
그 분이실까

나 아닌 내가 또 있다는데
그것이 뭣꼬?
화두 한 번 들어본다

산과 물이 합세하여

산으로 떡 만들겠다고
떡시루에 돌멩이 퍼 담는 굴삭기 소리
불면증 걸린 나무들
산새들 데리고 이삿짐을 꾸립니다

물을 술로 보는 자들이
강물에 쇠파이프 꽂아 술 빚는 소리
놀란 고기들 둥지 떠나고
늪지의 미물들이 국적을 바꿉니다

산은 산이요 물은 물인데
사람들이 산을 산으로 보지 않고
물을 물로 보지 않으니
산과 물도
사람을 사람으로 보지 않게 되었습니다

묵중한 산
흐르는 물이 합세하여
사람 같지 않은 사람들을 몰아낼
궁리를 하고 있습니다

인생의 정답은 없다

오월의 산이 저토록 아름다운 것은
산이 숲이 되었기 때문이다
숲이 숲인 것은
각기 다른 것들이 저마다의 무늬와 색깔
향내 품기면서도 하나로 어우러지는데 있다

소나무 전나무 단풍나무 참나무 아카시아 밤나무
고사리 도라지에 이르기까지
제 이름 그대로 지닌 채 하나로 동화되는
조화의 아름다움은
신의 예술이기 때문인지도 모른다

사람 사는 세상이
이토록 시끄럽고 어지러운 것은
甲과 乙이 언제나 키 재기를 하면서
이긴 자가 진 자의 옷을 단색으로
칠하기 때문이다

인생의 정답이 없음에도
인생의 광장에는 어김없이 승자와 패자가
나뉘어져
승자들이 만들어놓은 정답에 맞추어 살라고
패자들을 강요하기 때문이다

숨은 새가 울어주니

뻐꾹 뻐꾹 풀꾹 풀꾹
저 새의 이름이 틀려도 좋다
나의 관심은 이름이 아니라
인간의 목소리로 흉내 낼 수 없는
오장육부 저리도록 슬픈 울음의 가락에 있다

뻐꾹 뻐꾹 풀꾹 풀꾹
비창의 가사는 짧을수록 좋다
한 소절 가락 속에 모든 것 다 들어 있으니까
좀처럼 모습 드러내지 않는 저 새의 전생은
아마도, 역적 누명 뒤집어쓰고 산 속 누옥에서
사약 먹고 죽은 어느 지조 높은
조선조 선비였는지도 모른다

뻐꾹 뻐꾹 풀꾹 풀꾹
한 구절 읊조림에 오월의 숲이 고요히
선정에 들고
잔디밭 잠자리도 바지랑대 올라앉아
살포시 날개 접는다

뻐꾹 뻐꾹 풀꾹 풀꾹
숨은 새 울어주니 선정에서 깨어난 산들이 웃고
오월의 산 숲에서 구름이 쉬어간다
무거운 짐 다 내려놓고 쉬었다 가면
나의 땅 산 숲에도 숨은 새는 찾아와
울어주리라

낮달은 어두워야 밝아진다

그 분의 오해를 풀려고 하지마라
내 뜻대로 안 된다고 적을 만들지 말며
내 편 만들려고 방편을 쓰지 마라
시절 인연 닿을 때까지 기다려보고
원하지도 필요치도 않은 관계라면
차라리 만나지 않는 게 상책 아닐까

내 뜻대로 안 되는게 사바세계다
만인의 칭송을 받는 사람도 없고
만인의 원수도 없는 것이며
백날이 다 슬픔일 수 없듯
백날이 다 기쁠 수도 없는 것
기쁨이 지나가면 슬픔이 되고
슬픔도 떠나가면 기쁨이 되니
고통과 즐거움이 둘이 아니다

그 분의 오해를 풀려고 애쓰지 마라
할 일은 많고
남아있는 시간은 많지가 않다
참으면서 기다려라
구름에 갇힌 낮달도 해지기를 기다린다

안개

아침 안개 자욱하니 눈의 가시거리는 전방 5미터
새들은 소리로만 짝을 찾아 날아가고
꿀벌도 향기 좇아 아카시아 꽃밭을 더듬어간다
눈이 어두워지니 귀가 밝아지고 콧구멍이 넓어진다

그대여, 나오시라
피곤한 눈 잠시 쉬게 할 수 있는
여기 서기어린 아침의 광장으로
쭈글쭈글해진 우리들 모습 안개로 위장한 채
의미 없는 소리로만 말하고 향기로 더듬으며
그대는 나를 향해
나는 그대 향해 천천히 걸어가다 보면
그대와 나 사이에 오해로 벌어졌던 마음의 간격도
가시거리 안으로 좁혀지리라

두 손 마주잡고 두 발로 지구의 수레바퀴
힘차게 함께 돌리면
어느덧 동산 위로 해가 솟아오르고
천지사방 퍼지는
눈부신 아침 햇살의 자비와 광명 앞에
짙은 안개 사라지듯
우리들 오해의 장벽도 사라지고 말리니

그대여, 보았는가
안개 같은 인생의 안개 같은 사랑을

와불의 충고

지난여름 태풍에 한 가닥 뿌리 뽑힌
아카시아 한 그루
늙은 몸 와불처럼 누워서 빙그레 웃고 있다
온 몸 주렁주렁 달아놓은 백사초롱 등불은
미간 백호 광명으로 피워 올린
만다라꽃인가 만수사꽃인가

여기는 한국의 영축산
허리 아픈 노불은 병석에 누워서도
십만 팔천 중생에게 법화경을 설한다

근심어린 내 얼굴 지켜보며
누워 사는 자기도 즐거운데
걸어 다니는 나에게 무슨 걱정이
그리도 많으냐고 야단을 친다

고목에 핀 꽃이 더 아름답다며
기죽어 움츠러들지 말고
이처럼 싱그러운 오월의 하늘 아래
아름다운 꽃
한 송이라도 피워 보라 하신다

해꽃

감자꽃 고추꽃 피어올랐네
감자밭 고추밭 가꾸시던 어머니
천국 가셔서도
하늘밭 김매고 북돋우어 가꾸시니
청천 하늘에도 해꽃이 피었네

산뽕을 보며

산뽕이 피었다
배고픈 누에들이 일용할 양식을 찾는데도
뽕 맛을 알아낸 배부른 인간들이
돈맛까지 알아내어
이제는, 뽕잎이 돈잎이 되었네

뽕잎을 누에가 먹으면
비단 한 필 남기고
누에는 나비되어 승천을 하는데
욕심 많은 사람이 먹으면 똥오줌만 남기고
땅속으로 들어간다

나비처럼 승천하신 어머니
하늘나라 양잠실에서 도마 위에 산뽕 썰어
누에밥을 주고 계실까
명주 비단을 짜고 계실까

산뽕 잎사귀 흘러가는 실핏줄은
누에처럼 부드러운 어머니 섬섬옥수

하늘과 땅 사이에

하늘은 목마른 대지 위로 비를 내리고
땅은 배고픈 하늘로 이슬을 공양한다
화난 허공이 제 배를 갈라
우루루 쾅쾅 고함지르듯
땅도 분기탱천하면 제 몸을 제가 찢어
울분을 다스린다
마주보고 살아가는 암수 한 쌍이라 닮아가는 것이리라

아카시아 고운 꽃
우레에 놀란 가슴 파르르 떨며
함초롬히 젖은 몸 해뜨기를 기다리는데
하늘의 진노는 아직도 허공중을 맴돈다

고기가 물을 보지 못하고
사람이 바람을 보지 못하듯
도인도 허공의 마음을 알지 못하고
하늘도 땅의 마음을 읽지 못하는데
땅인들 어찌 하늘의 마음을 다 알 수 있을 것인가

토라진 하늘도 비를 아끼지 않고
풀 죽은 땅도
구름 걷힌 천공으로 해뜨기를 기원하니
천지간의 싸움도 사랑싸움이든가

하늘이 있기에 땅이 있고
땅이 있기에 하늘이 있으며
하늘과 땅 사이에 내가 있다

님 그리운 나무들

비에 젖은 나무들이 춤을 춘다
바람의 입김으로 툴툴툴 백팔 시름 털어내고
해 저무는 산정에서 님을 찾는다

불어난 개울물이 황토를 등에 메고
강물로 흘러가며 자장가를 불러주어도
님 그리운 나무들은 잠들지를 못 한다

하늘의 강물도 범람하여 비에 젖은 달과 별이
밤 나라의 어둠 속에 묻히고 말았는지
아파트의 전등불이 켜졌는데도
허공은 아직도 먹빛이라네

나무들의 춤사위가 시들해지자
바람도 제집 찾아 길을 떠나고
빗물만 하염없이 내리는데
그리운 님 목소리는 들리지 않네

꿀벌 한 마리

방안으로 날아든 꿀벌 한 마리
뚫을 수 없는 벽에 길 하나 내 보려고
부딪치고 부딪치며 삼악도를 돌고 돈다
들어온 문 그래도 열려있고
창밖에는 아직도
꿀을 품은 여름 꽃이 피어있는데
벽 너머 꽃을 찾다 죽어간다

갈애에 찌든 눈 먼 사람들이
앉아있는 그 자리가
열반의 꽃자리인줄 알지 못하고
벽 너머 길을 찾아 깨지고 터지면서
죽어가고 있구나

사람도 어리석어지면 꿀벌 한 마리

햇살의 마음

동천에 해 오르니
하늘은 구름과 함께 밝아지고
노래하는 개울물도 해를 품고 흘러간다

배고픈 까치들이 가지 속 날아들면
벚나무는 아낌없이 버찌를 내어주니
공양 마친 까치들은
이 산 지 산 쏘다니며 벚나무를 심어준다

공적 산중에 뻐꾸기 울면
산사의 쇠북종이 서러워 따라 울고
중천의 밝은 해도 아카시아 꽃등으로
몸을 숨긴다

보살의 마음이 햇살의 마음으로
밝아오는데
중생의 마음이라고 어찌 어둠속에 머물소냐
중천에 해 오르니 만물이 밝아온다

숲이 되기 전에

솔바람 풀바람 흙바람 어우러져
가슴 깊숙이 파고드니
스르르 녹아나는 번뇌덩어리

나 여기 이대로 앉아 열반적정 즐기다보면
내가 숲이 되고 흙이 되고 바람이 되어
무덤으로 들어가 누워 지낸다해도
낯설지 않으리라

따르르 따르르 휴대폰 소리
삼매에서 깨어나니
한 주에 한 번 정도 강의 좀 해달란다
강연이 아니고 강의라지만
내가 숲이 되기 전에 아직도 쓸모가 남아
찾는 곳 있으니 고맙고 반갑다

땅에서 넘어졌으니
땅을 짚고 일어나야지
번뇌의 땟자국 켜켜이 쌓인다 해도
씻을 곳 있으니 두려워 말자

인연법

비 그치고 태양이 백호광명 비추시니
십만 억 국토 무명 중생들
목욕재계하고 진리의 말씀에 목말라 한다

산벚나무 가지들
팔만 사천 염주 알 주렁주렁 목에 걸고
뻐꾸기가 암송하는 금강경 사구게 한 구절
끝날 때마다 하나하나 떼어서
배고픈 산새의 입속으로 보시한다

공양 마친 산새들 약수에 발우 씻어
잔디밭 바지랑대에 걸어둔 후
수보리를 닮은 청설모 한 마리
편단우견 우슬착지하고
부처님 우러러 법을 청하니

비운산 마애불이 빙그레 웃으시며
벚꽃 진자리에 버찌 열리고
버찌도 익으면 떨어지거나
산새들이 먹어야 하는 것 말고는
더 이상 설할 법이 없다고 하시더라

밤꽃이 떨어지면

늦게 핀 밤꽃
할아버지 수염처럼 하얗게 물들어도
바람 타고 흔들리는 춤사위로 청춘이 흐른다
향긋한 꽃 냄새에
벌 나비 찾아들어 한나절 열애로 풋밤이 영글고
무논의 개구리들
님 그리워 울어댈 때
콩밭 매던 순심이가 가출을 했지

한 줄기 비 내리면
밤꽃은 떨어져 강물 따라 흘러가고
풋밤이 영글어 알밤이 될 때까지
무논의 개구리는 곡비처럼 서럽게 울어주겠지만
가출한 순심이는 다시 오지 못하리라
공순이로 죽어간 애달픈 넋이
무주공산 뻐꾸기로 울며 오려나

바람이 없다면

유월의 숲을 지키는 것은 바람이다
소나무 참나무가
뿌리를 무기 삼아 영토 전쟁을 일으키면
가지와 잎사귀는 바람결에 살랑살랑
평화를 노래한다

배고픈 벌레들이 입맛 다시면
딸기나무 흔들어 먹을거리 갖다 주고
바위에 기생하는 이끼조차 목말라하면
구름을 녹여서라도 마실 것을 대령한다
무료해진 청설모가 갑갑해하면
산새들 불러 모아 연주회도 열어준다

유월의 숲 속에 바람이 없다면
산 숲은 외로워서
열사의 사막에서 병든 몸 끌어안고
죽고 말리라

정들이지 말자

초등학교 운동장 아침 산책길에는
노소가 따로 없고 귀천도 없다
안녕! 한 마디로 만났다
소리 없이 헤어지니 만나서 즐겁지만
슬프지 않아서 좋다

화단의 은행나무
마주 선 소나무의 송화가 피었다 흩어지고
살구나무 열매가 익어서 떨어져도
마음 아파하지 않는 것은
정을 주지 않았기 때문이다

정든 사람아
스쳐가는 바람처럼
해변의 포말처럼
우리들도 그렇게 만나서 그렇게 헤어지면
좋았을 것을

깨달음의 피안으로

비 오는 날은 등뼈가 아프다
등뼈가 아파오면
민주주의 외치다 매 맞아 죽어간
그 친구 신음소리에 마음마저 아파온다

승용차에 몸 싣고
비 내리는 고속도로 음악소리 장단 맞춰
고속으로 달리면
잃어버린 청춘이 열정의 불을 물고
가슴으로 파고든다

강변 방죽 위에 우산 쓰고 홀로 앉아
무심한 흙탕물 하염없이 바라보니
쓰레기통 가구들이 기세 등등 춤추면서
떠내려간다
전장으로 향하는 병사들인 양

나도 뗏목 하나 만들어
흐르는 강물 위에 살갑게 올라앉아
아제 아제 바라아제 바라승아제
깨달음의 피안으로 달리고 싶다

가시밭길에도 꽃은 피리라

손 한 번 들고 웃어주는 것만으로도
아침 산책길이 얼마나 즐거우냐

이름을 불러주고 아는 체만 해도
살구는 즐거워
연분홍 빛깔로 익어가지 않느냐

발걸음 맞춰 가만 가만 걸으며
서러운 이야기 들어주는 것만으로도
상처 받은 마음이 치유되지 않더냐

비 내리는 날에는 우산이 되어주고
고단한 언덕길에 어깨 한쪽 내어준다면
가시밭 인생길에도 사랑꽃은 피리라

제5부

가로수

매연이 따가우면 코를 막고
소음이 시끄러우면 귀를 막으며
고향 그립고 일가친척 생각나면
눈을 감는다

사주팔자 따져서 무엇 하나
인연이라 생각해야 마음 편하다
바람아 침묵하라
뒷산 숲속 산새들 노랫소리
풀벌레 울음소리
행여, 햇살의 무늬로도 전하지 마라

바람이 불면 부는 대로
비가 내리면 내리는 대로
생긴 대로 팔 벌린 채
진종일 서 있기만 하면 되는
너희들 운명을 자축하라

밤 깊어지면
도로의 전등불도 잠이 들어
하늘의 별들이 자장가 불러주면
꿈나라 찾아들어
두고 온 고향땅 정든 님도 만나보리라

마트 앞 광고용 허수아비로 서서
진종일 풍선처럼 흔들리던
열여섯 살 가출소년 김복동이도

이맘때면
고무풍선 벗어놓고 가로수 밑에서
옷을 갈아입으리라

금붕어

다섯 뼘 유리 어항은 금붕어들의 우주
여기에서
새날이 밝아오고 달과 별이 떠오른다
한 생이 시작되어 한 생이 저문다

외출에서 돌아올 때
입술 쫑긋 내밀고
살랑살랑 꼬리 흔들어 반기니
미물과도 정이 들어
밥 한 그릇 챙겨 주고픈 어머니 마음이 된다

어항 같은 방에서
진종일
외출에서 돌아올 식구들 걱정하며
기다림 한 가지로 버티셨던 만년의 어머니
금붕어로 살다 가신
우리 어머니

대천 해수욕장

썰물이 남겨놓고 떠난 해변 백사장
갈매기들 성찬 무르익는다
먹는 갈매기들
먹히는 조개들
절망과 환희가 하나의 풍경으로 비치는
인간들의 시각을 즐겁게 한다

운무에 싸인 수평선 저쪽은 아직은 미지의 피안
구릿빛 피부에 태양을 문신한 청춘들이
모터보터 칼끝으로 바다를 클릭하여
다시는 돌아올 수 없는 인생의 한 때를
추억으로 저장한다
고무풍선 등에 업혀 파도 따라 밀려가니
세상사 근심 걱정
떠도는 바람처럼 무심히 불고간다

발바닥 간질이는 모래알 비벼서
나만의 성 하나 만들어 놓고
성주로 드러누워 푸른 꿈을 꾸는데
어느덧 밀물로 변신한 바닷물이
파도의 어깨질로 포말로 사라지며
나의 성을 허물더라

소나무 그늘에서 맥주 한 잔 마시는 동안
마라톤 달림이들 골인지점 다가가니
수평선 너머로 산들이 떠오르고
나의 인생 유람선도 종점을 달리는데
흰 구름은 여전히 불생불멸 허공중에
피어 있더라

장미꽃 우는 뜻은?

인간의 사랑을 중매하던 꽃
저무는 청춘 꽃망울 시들어가네
꽃이 시들거나 말거나
이웃집 박 노인이 죽거나 말거나
그냥 지나쳤던 것들이
새삼스레 내 마음 흔드는 것은
왜일까?

벌레 먹은 장미가 아프다 소리쳐도
나와는 무관한 것으로
눈길 한 번 주지 않았던
메마른 눈시울이 붉어지는 것은
무슨 일일까?

시든 꽃잎 떨어져 잔디 위를 구르네
잠자리 나비초차 고개 돌리며
살아있는 꽃밭으로 날아가도
벤치에 앉아 산 낙지를 씹어 삼키던
내 마음이 이다지도 슬퍼지는 것은
무슨 뜻일까?

떨어진 장미꽃 강물 따라 흘러갈 때
흐르는 세월 따라 내 몸뚱이도
지수화풍 흩어질 때라야
장미꽃 우는 뜻을 알게 되려나

소나무 보살님

여기는 비운산
한국의 기사굴산 영산회상이다
청법가 끝나고
무량의처삼매에서 깨어나신 부처님
묘법연화경 설하시려는데
푸른 하늘 벽 삼아 수행중인 소나무 보살님은
직립부동이시다

청설모가 긁으면 시원해 하고
바람이 간질이면 웃음 한 번 웃으며
햇살이 꼬드기면 마장아 물러가라
흰 구름 떠오르면 수행의 도반 삼아
천년을 견디었거늘
부처님 설법이라고 어찌 한 눈을 팔 것인가
죽어 천년 더해서라도 독각이 될 것인데

봄에는 꽃불 가을엔 단풍불
온 산 화택이 불바다가 되어도
양 사슴 소 수레는 타지 않으리라

나 죽은 후
한 마리 산새되어
소나무 보살님 우듬지 앉아
법화경 설해 주면
그제야 잠에서 깨어난 노보살님
여시아문! 하면서 닫은 입을 열 것인가?

날마다 좋은 날로

한 세상 사는 일이 수월했다면
존재의 실상을 고(苦)라 했겠나

웃고 사는 소나무 껍질 속에도
불개미가 집을 지어 새살림 차리고
어린 포도알들이
종이 모자 뒤집어쓴 채 어둠의 감옥에서
난맛으로 물들이 익어가지 않느냐

하늘 나는 황새들도
모가지 길게 빼고 뚜벅뚜벅 걸어서
무논의 김을 매주어야
아침밥 한 숟길을 먹을 수 있다

혼자 사는 박 할머니는
오늘 아침도 운동장 사금파리를 열심히 줍고
밤사이 호박넝쿨은
오체투지하여 담장을 넘었다

세상사는 일이
저마다의 가슴 한 복판에
괴롭고 슬픈 일 다 묻어두고
짐짓 즐겁고 재미있는 듯
날마다 좋은 날로 살아가는 것이다
떠오르는 태양이 날로 새롭듯이

공적한 무소유의 언덕에 서서

무척이나 긴 방황의 터널 용케도 빠져나와
공적영지의 언덕에 서서
노쇠한 목청 가다듬어
진리의 풀피리를 불 수 있게 되었다는 것이
얼마나 다행한 일이냐

설산의 고행이나 십자가의 수난도 없이
홀로 우는 산새의 울음만으로도
보리수 아래의 깨달음과 부활의 은총을
값없이 누리며
예수의 산상수훈을 세존의 중도법으로
알아들을 수 있다는 것이
얼마나 행복한 일이냐

그토록 갈망했던 속세의 부귀영화가
냄새 나는 배설물로 보이고
범소유상이 개시허망이란 여래의 가르침에
귀 기울이게 되었다는 것이
얼마나 기분 좋은 일이냐

살아 온 날들보다 살아갈 날
턱 없이 모자라지만
이대로 산수간 떠돌며 세월 보내다보면
어느 날 소리 없이 떠난다 해도
새로운 땅 그 산하도 고향처럼 낯설지 않게
느껴질 것이라는 것이
얼마나 기다려지는 일이냐

등나무 그늘에서

염천의 뙤약볕이 불을 질러도
상수리나무 잎사귀는 더욱 푸르러지고
등나무 넝쿨은 씨줄 날줄 엮어서
그늘을 만든다

무논의 벼들이 알을 품기 시작하니
옥수수가 영글어 출산을 서두르고
까지들이 날아와
산딸기가 익었다고 소식 전해 주는데
입이라도 들고서 탁발이나 나서자

결제가 없었으니 해제도 없고
구름처럼 떠노는 만행의 길목에선
만나는 모든 것이 선지식이요
들리는 모든 것이 법문 아닌 것 없네

도반들이여,
탁발을 마쳤느냐
등나무 그늘 아래 부좌이좌하여
자자 포살로라도
뙤약볕이 슬어놓은 번뇌의 찌꺼기나
닦아보지 않으시려나

그럴 줄은 몰랐습니다

그대와 나의 만남이
들풀 위에 내려앉은 새벽이슬 같은 것일 줄은
몰랐습니다
불고 가는 바람에 흩날려 사라지는
꽃잎 같은 것일 줄은 몰랐습니다

그대와 내가
삼천 생 돌고 돌아 만난 인연인 줄 알았더라면
알밤 품은 밤송이와 밤나무만큼이라도
깊은 속내 드러내며
살아왔을 것인데

그대와 나의 삶이 서러운 것은
토해내지 못한 사랑의 말들이 심중에 쌓여
소화되지 않은 채로
너무 많이 남아있기 때문입니다

죽음이 두려운 것은
이 몸 죽어지면 꿈속에서조차
그대 만나볼 수 없을 것으로 여겨지기 때문입니다
그대와 내가
꽃과 나비로 남자와 여자로 다시 만나
흐릿한 기억 더듬고 더듬어도
서로 알아볼 수 없을 것이기 때문입니다

인생은 윤회해도
이별은 영원할 것으로 느껴지기 때문입니다

꿈속의 꿈 이야기

백마를 타고 푸른 초원을 달려갔다
뒤로는 깃발을 든 병사들이 따랐다
광활한 영토가 발아래 엎드리고
광장에 모인 백성들이 천천세를 불렀다
나와 아내는 머리에 금관을 이고
입헌군주국의 새 헌법을 공포하고 취임선서를 했다

갑자기 들려오는 비명소리에 놀라 눈을 떴다
꿈이었다

악몽을 꾸는 아내를 흔들어 깨웠다
송골송골 맺힌 이마의 땀방울이
악몽의 심각성을 말해 주고 있었다
무슨 꿈이 그토록 요란하지?
강도에게 쫓기고 있었어
동상이몽이었다

나는 꿈을 깬 것이 아쉬웠고
아내는 꿈에서 깨어난 것이 다행이었다

시간은 새벽 2시 30분
나와 아내는 식탁에 앉아 쓴 커피를 마시며
인생이 한 바탕 꿈인 줄도 모르고
꿈속의 꿈 이야기 같은
오늘의 일과를 의논하고 있었다

씹히는 즐거움

벗이여,
그대가 시기 질투의 표적이 되었다는 걸
기뻐하시게
성공을 공증하는 증표로 생각하시게
자네가 동정과 연민의 대상이 되었다면
슬프지 않겠는가

질시의 이면에는 부러움이 숨어있고
연민의 내면에는 멸시가 숨어있다네

그대를 맥줏집 안주처럼 질근질근 씹을 때
오징어 뒷다리처럼 씹혀주시게
씹는 즐거움을 주는 것도 무외시가 된다네
베풀 것이 늘어났으니 즐겁지 아니한가
씹는 자의 이빨이 닳아 아플 때까지 씹혀 주시게

고달픈 이 나라 무지렁이 백성들
막걸리 집 모여들어
씹는 재미라도 있어야 살아가지 않겠나

벗이여,
그대가 더 오르고 싶으면
더욱 낮아지시게
이따금 막걸리 집 들어가 김치깍두기 안주 삼아
스스로를 한 번 씹어보시게
씹히는 즐거움이 어떠하신가?

그대 생각에 젖어봅니다

유월이 저무는 언덕에 서서
그대 생각에 젖어봅니다
산 그림자도 외로운 비탈길 돌아서
보리타작 끝내고 등목하신 후
삼베옷 갈아입은 고우신 모습
젖은 눈물 속으로 걸어오십니다

머리 위에 얹은 것은 삶은 삼사 소쿠리
강냉이 몇 통도 들어있겠지요
뒤 따르는 멍멍이가
저부터 맛 좀 보자고 살랑살랑 꼬리 흔드는데
오던 길을 잊으셨나
젖은 눈물 닦고 보니 안 보이십니다

유월이 저무는 그늘에 앉아
그대 가르침에 젖어봅니다
까치의 울음마저 서글퍼지는
타는 노을 속으로
그대 다정한 목소리 들려옵니다

한 집에 스승님을 모시고 살면서도
인생의 길을 엉뚱한 곳에서 찾았던
치암 중죄 참회하며
풀잎의 향기로 허공의 소리로도 들려주실
그대 가르침에 귀 기울입니다

유월이 저무는 들녘 거닐며
그대의 은혜에 젖어봅니다
갚아도 갚아도 다 갚지 못하고
죽어서도 갚지 못할 빚 생각에 젖어봅니다

호박넝쿨

논두렁에 쭈그리고 앉아있으면
호박넝쿨 숨 쉬는 소리가 들린다
우듬지는 쉼 없이 나아갈 방향을 탐색하면서
뿌리가 밀어올리는지
오체투지 포복하여 줄기가 스스로 밀고 가는지
새끼줄처럼 몸뚱이 늘어나는 모습
보일 것 같다

잎사귀와 꽃이 만들어지고
호박꽃은 늦가을 무서리 내릴 때까지
셀 수도 없이 많은 자식들 잉태 출산하여
호박죽 호박떡으로
인간의 입맛을 즐겁게 하리라

호박씨 한개 속에
이처럼 많은 생명의 원천들이
저장되어 있었다니!

나는 호박 같은 여인을 좋아한다
마음이 겸손하여 낮은 곳으로 다니고
많은 것을 베풀되 자랑하지 아니하며
화려하지 않으나
순박하고 은근한 호박꽃의 미소가 좋다

모과

저 투박한 질그릇
푸르뎅뎅 못 생긴 무수리
무식한 불목하니
가지 끝에 매달려 도를 닦는다

벌 나비 날아들지 않고
벌레조차 외면해도
아침 이슬 저녁 별빛 수행의 도반 되니
외롭지않네

사과가 익어서 장가를 들고
알밤이 영글어 시집을 갈 때
육바라밀
팔정도
계 정 혜 삼학으로
질그릇이 변하여 발우가 되고
무수리는 변하여 왕비가 되고
불목하니 변하여 고승으로 익어간다

시절 인연 닿아서 가을바람 불어오면
온 몸이 환하게 밝아지는
관세음보살
약사여래 부처님

모과차
모과주로
중생제도 나서시는 천만 억 화신불
모과님이여!

와불의 미소

폭우가 휩쓸고 간 산비탈에
비스듬히 누워있는 늙은 아카시아 나무
생각하면 눈물 나는 아롱지는 추억들
허공중에 묻어두고
살과 뼈 비벼서 마음의 백지 위에
내년 봄 걸어놓을 꽃등을 그려본다

한 칼로 찢어내어 우레에게 공양한
허리춤 사이로 새로 돋아난 잎사귀들
부활한 생명이라고
고목에 핀 잎이 더 아름답다고
산신각 제단 위로 향을 사른다

나이를 묻지 마라
지난 일도 묻지 마라
미래를 꿈꾸면서 현재를 살아간다
밑동이 썩어가도
썩어가는 등걸에서 버섯이 핀다

누워서 지낸다고 비웃지 말고
불쌍한 목숨이라고 동정도 하지마라
보라
저 부드러운 와불의 미소를
금빛 찬란한 미간 백호 광명을!

얼마나 좋은 일이냐

얼마나 고마운 일이냐
새날의 창문이 소리 없이 열리고
광휘로운 햇살이 온 누리 구석구석
스며든다는 것이
들풀 위의 이슬이 영롱히 빛나고
새들이 노래를 멈추지 않는다는 것이

얼마나 삼사한 일이냐
늙어가는 초목들이 새 옷으로 갈아입고
흘러가는 세월을 배웅해 준다는 것이
호박꽃의 영광을 위해
넝쿨장미가 계절의 바람 타고
사라져 준다는 섯이

얼마나 즐거운 일이냐
건강한 아내가 청국장을 끓여주고
이따금 바가지를 긁어준다는 것이
동창회에 안 나온다고 욕하는 친구가
아직도 살아있다는 것이

얼마나 기분 좋은 일이냐
우리가 사람으로 태어났다는 것이
좋은 가르침을 만났다는 것이
이렇게 문자 메시지를 보낼 수 있다는 것이

바람에게 바란다

바람아,
너의 억센 심장으로 빗물 몰아내듯
먹구름 쫓아내듯
부드러운 치마폭 활짝 펴들어
내 마음 속 어지럽히는 타는 목마름
갈애의 불꽃도 함께 불어 끄다오

너의 그 잔잔한 입김만으로도
나뭇가지 우듬지들은 환희에 넘친 춤사위로
까치들을 유혹하고
애욕에 굶주린 칡넝쿨도 소나무 둥치에 채워놓은
수갑을 풀기 시작한다

바람아,
빗물 몇 모금 먹여주고 눈물 닦아주는
너의 그 부드러운 손길로
보시의 즐거움 알게 해 주고
법보시의 꿀맛을 맛보게 해다오

너의 그 슬기로운 입술로
내가 열반의 깨달음을 얻을 때까지
나의 입술도
일체유위법 여몽환포영 여로역여전
응작여시관이라도 외우게 해다오

빈 하늘 저편으로

비 그치고 햇볕 드니 매미가 운다
푸른 하늘 흰 구름 시원한 바람
벗이여,
혼자서 즐기기엔 너무 아깝다
여름도 한 복판 7월도 중순
이 달이 가기 전에 어서 오시게

팔각성 바둣바닥 목침 베고 누워
허공중에 피고 지는 구름 꽃만 보아도
찰나지간에 성주괴공 하는 우주와
생로병사 하는 인간들
생주이멸 하는 우리들 마음도
다 읽을 수 있나네

우리들 인생이 저물어 가는데
장기바둑으로 남은 세월 불사르기엔
돈의 종노릇 하기에는
저 하늘 저 구름이 너무나 곱다

벗이여,
여기 구름 한 점 일어날 때
임 생각 떠올라도
구름 한 점 흩어질 때 욕심 한 점 내려놓으며
구름 같은 너와 나의 부질없는 꿈들도
빈 하늘 저편으로 띄워 보내자

젖은 마음 말리면서

햇볕이 쏟아진다
젖은 옷 때 묻은 양말 빨아 바지랑대에 널어 말리고
운동화 빨아서 햇살 고운 창틈으로 구경 보낸다

꿉꿉해진 마음도 다 끄집어내어
허공의 바지랑대에 널어놓으니
바람이 분다
태양열에 건조된 물기 없는 바람이
폐부 깊이 파고든다

바람이여
자연의 간병부여
햇살이 말리지 못한 심중의 우울까지
너의 부드러운 손길로 다 말려다오

지나온 세월의 길이가 석양의 그림자처럼
자꾸만 늘어나고
남아 있는 시간의 길이가 어린이 입에서 녹아나는
아이스크림처럼 줄어든다고 해도
뒤돌아보지 않고 앞만 보고 걸어가리라

아직 쏟아지는 햇살 저토록 아름답고
불고 가는 바람이 이토록 시원하니
바지랑대에 젖은 옷 말리듯 젖은 마음 말리면서
남은 인생 그렇게 살아가는 것이다

계곡의 밤 물결소리

여기는 북한산 계곡 으스름 깔릴 때
맑은 물에 발 담그고 돌팍에 앉아
산과 물 번갈아 바라보니 정든 산 그냥 둔 채
어디서 와서 어디로 가는지도 모르면서
물은 쉼 없이 흘러가는구나

토종 닭백숙에 맥주 몇 잔 마신 탓인지
배부르고 얼큰하게 취한 얼굴로
산과 물에 한 잔 술을 권했지만
물도 산도 입 다문 채 아는 체도 하지 않네

여기 이대로 돌처럼 앉아 있으면
세월 흘러가는 소리 늙어가는 소리 들리지 않고
여름이 덥지도 않고 지나가듯
내 인생 한 세상도 훌쩍 지나가고 말겠네

첩첩산중 달도 별도 뜨지 않아 칠흑 같이 어둔 밤
손전등 켜놓고 끊임없이 이어지는
물의 노랫소리 들으며 내 인생 음미해 보니
깊어가는 이 밤이 너무 정겨워
잠드는 일조차 아까워지네

서두를 것 없다

부지런히 하다보면 내공이 쌓이고
내공이 쌓이다보면
무명의 먹구름 헤치고 봇물 터지듯
깨달음의 물줄기 펑 터질 날도 있겠지

뱁새가 황새처럼 뛰지 말고
산초나무가 소나무가 될 수 있다고 생각지 마라
박명한 천재보다
장수하는 둔재가 더 나을지도 모른다
하루를 살아도 부자로 살고 싶다는데
헛소리 마라
거지처럼 살아도 백년쯤 살고 싶은 것이
사람의 본심 아닐까

서두를 것 없다
인생은 어차피 미완성
미결서류 남겨두고 가는 것 아니더냐
비가 내린다고 짜증내지 마라
비도 땅 위에 노는 것이 재미없어지면
가지 말래도 가고 말리니

바람의 교훈

실패의 기억이 위안이 될 때가 있다
그때 당선이 되었더라면
그때 허가가 나서 사업을 시작했더라면
돈과 명예를 위해
힘겨운 그일 성공시키겠다고 과로에 시달리며
내 인생 송두리째 소진하고 말았을 것이다

농산에 내비 울고 무궁화 피어도
곤충의 울음에서 계절 지나가는 소리 듣지 못하고
꽃향기 취해서
그리움 흘러가는 파아란 하늘도
보지 못했을 것이다

설령 그 일로 성공했다 하더라도
또 다른 욕망의 실현을 위해
오만의 날개 펴고
질풍노도의 바다 위로 헤엄치고 있을 것이다
분초의 안식도 없이

실패의 기억들이 고통으로 남지 않고
위안이 되는 것은
불고 가는 바람이 가르쳐 준 교훈이다

고독한 눈물

좋은 생각이 좋은 행동을 만들어 내고
좋은 행동이 좋은 생각을 쌓아가니
우리가 본래 부처라고 생각하고
죄 사함 받은 백성이라 생각하면
운명도 바뀌게 되리라

쓰레기 같은 과거로
현재와 미래를 더럽히지 마라
전생의 죄 운운 하지 말고
죄인이로소이다 란 말 남발하지 마라
죄인이 없는데
면죄부를 만들어 팔아서야 되겠는가

신은 군중 속에 나타나지 않으며
외로운 자의 창문으로 찾아든다
깨달음도 고독한 영혼의 친구이며
군집의 소음 속으론 나투시지 아니한다

홀로 있는 시간을 즐겨라
진리의 신과 무상의 가르침은
밤하늘의 이슬처럼 고독한 눈물을 사랑한다

살아있는 것은 아름답다

그래도 그렇지 이 사람아
젊은 나이에 죽으면 어떡해
빚에 쪼들리면 벌어서 갚을 생각해야지
그냥 죽어버리면
내생에 그 빚 짊어지고 태어날 것 아닌가

국립호텔 들어가 이삼년 쉬면서
기발한 아이디어나 하나 개발해
한 방 터뜨리는 것이 자네다운 일이었는데
그 패기 그 기백 언제 써 먹으려고
무력하게 스스로 쓰러진단 말인가

자네의 죽음이
사랑하는 가족들 아끼는 친구들에게
아물지 못할 슬픔과 상처로 남을 것을 생각해야지
자네가 죽음으로써 지킬 것이 무엇이었든가
명예였든가 착각이다
죽음으로 지킬 명예란 없다

아스팔트 틈새 뚫고 올라오는 늘풀을 보라
철조망 기어오르는 호박넝쿨을 보라
바람도 햇살도 산자의 것이다
살아있는 것들은 모두가 아름답다

느티나무와 사람

느티나무는 홀로 서 있어도 외롭지 않다
새벽별 바라보며 명상에 잠기고
서리꽃 피어나면 책 한 권 만들어
동산에 해 오르면 법문을 설한다

느티나무는 가진 것 넉넉해도 낭비하지 않으며
입을 닫고 살아도 어리석지 않다
느티나무 그늘 아래 사람들이 모여드는 것은
그 품이 시원하고 마음이 따뜻하기 때문이며
묵언의 가르침에 배울 것이 많기 때문이다

느티나무는 잎사귀 무성히 자라
매미 우는 여름에도 성공을 뽐내지 아니하며
앙상한 가지 위로 찬바람 부는 겨울에도
실패라고 생각하여 좌절하지 않는다
은인자중 동안거로 새 봄을 기다린다

느티나무는 천년을 살아도
묵묵히 제 할일만 하는데
백년도 채 못 사는 인간들이
제 할일도 모른 채 남의 것을 탐한다

매미처럼 울고 싶다

사무치게 울다 가는 매미 한 평생 서러워
덩달아 운다
인연 따라 생겨나 인연 따라 사라지는 것이
존재의 실상이라 해도
칠년 공덕이 여름 한 철 울음으로 마감하는
애달픈 운명을 어찌 슬퍼하지 않으랴

여름이면 방학숙제상 셔드랑이 낀 채
잠자리채 들고 순이와 함께
곤충채집에 열 올리던 내 고향 뒷동산엔
지금도 매미들이 울고 있겠지

매미가 울면 순이 생각이 나고
세파에 찌들어 일그러진 내 마음도
어느덧 천진스런 바보 소년이 되고야 만다

그립고 즐거웠던 옛 생각 간절하고
사무치는 회한 가눌 길 없어
나도 매미처럼 목 놓아 통곡하고 싶어진다
심중의 설움이 다 녹을 때까지

풍년가가 울려야 알곡이 익는다

임신한 벼 포기들이 지루한 장맛비에도
유산하지 아니하고
부풀어 오르는 배를 안고 입덧을 한다

뙤약볕이 따가워야 뱃속 아기들이
영글어갈 것인데
매미가 울지 않으니 태양도 재미없어
구름산 계곡으로 숨어버렸네

산월이 가까워지면 메뚜기가 먼저 알고
해탈을 축하하는 무애춤을 출 것인데
무정한 농부들은 의논 한 마디 없이
농약부터 뿌리네

길을 비켜라 손님이 온다
서풍이 불어야 장마가 물러가고
새날이 밝아온다
풍년가가 울려야 알곡이 익어서 열반에 들리라

장맛비

물이 장난치고 있다
숨바꼭질을 한다
해야 숨어라 꽁꽁 숨어라
머리카락 보인다

하늘로 솟았다
땅으로 곤두박질치며
물구나무를 섰다가
날개 없는 몸뚱이가 허공으로 올라간다

수영장 현수막이 하릴없이 걸려있고
매미의 한 평생이
노래 없이 지나간다

물 먹은 나무들이 시름을 토해낼 때
할머니 허리뼈가 마디마디 쑤셔오는데
물은 즐겁다고 하늘 땅 넘나들며
술래잡기를 하고 있다

소낙비 지나간 자리

한 줄기 하고 나니
어이 시원타
마등산 영마루에 무지개 걸리고
늦잠 든 잉어들이 단꿈을 꾸니
흰 구름이 저수지 물속으로 잠수하여
수양버들 가지 잡고 그네를 뛰네

한 줄기 하고 나니
하늘도 시원한지 낮달의 등을 밀어
바람 부는 언덕에서 햇살의 몸짓으로
수채화를 그리시네

한 줄기 하고 나니
어이 시원타
과식한 강아지 똥자루가 터졌다
번뇌에 찌든 가슴 비질된 마당처럼
환하게 밝아온다

인생이 얼마나 산다고

동산 매미의 노래는 제각각 불러도
시끄럽지 않은 음악처럼 들리는데
화음 되지 못한 합창단 노래는
듣기에 좋지 않다

마음 맞춰 살아간다는 것이
합창단 노래보다 더 어려우니
칙칙한 날씨처럼 사는 것이 따분해진다

인생이 얼마나 산다고
아옹다옹 다투며 살 것인가
지난날 잘 잘못 따져서 미워한다고
무슨 소득이 있을 것인가

매듭은 풀고 가야하는데
새 매듭을 얽어서 어쩔 것인가
살아 있을 날 많지도 않은데
동산 매미들도 저렇게 짧은 일생
노래하며 보내는데 …….

인간이 바보가 되면

천년을 사는 느티나무 잎사귀에 붙어
일주일을 살다 가는 매미가
삶이 아름답고 즐겁다고 노래 부른다

나무가 매미의 노래에 즐거워하고
매미는 나무의 싱그런 잎새를 좋아하지만
나무는 매미의 단명을 알지 못하고
매미는 나무의 장수를 알지 못하니

나무와 매미가 합세하여
죽음이 두려운 인간들의 기쁨조가 되어 준다
인간의 사랑이 애틋하고 인간의 노래가 슬픈 것은
나무와 매미들이 알지 못하는
죽음의 의미를 알기 때문이다

나무와 매미의 노래가 즐겁고
삶이 행복한 것은 죽음을 모르기 때문이다
인간이 바보가 되면
나무나 매미처럼 행복해질까?

소나기

억장 무너지는 듯
하늘이 비통의 눈물 펑펑 쏟아내고 나니
목수국 하얀 얼굴 밝아오는 환한 웃음
봉선화 수줍은 잎이 얼굴 붉힌다

폭염 몰아낸 한 줄기 눈물에
놀란 매미들이
멈추었던 노래를 다시 부르려면
바람과 햇살이 몇 번이고
청법가를 불러 주어야 하리

마등산 흙냄새를 바다까지 전하려면
흙탕물은 강물의 노래로 흘러 흘러
물고기의 시름을 달래 주어야 하리

하늘이 한 바탕 분탕질로 대지를 청소하니
번뇌 망상에 때 묻고 어수선해진 마음도
비 그친 하늘
맑고 밝은 유리거울이 된다

여름이 가면 가을은 온다

여름은 겨울을 예비하는 전주곡이며
삶은 죽음으로 향하는 문이다
땅이 있어 하늘이 있고 그늘이 있기에 빛이 있다
슬픔이 있기에 기쁨이 있고
어둠이 있기에 밝음이 있다
실패가 있기에 성공이 있고
가난이 있기에 부유함도 있는 것

삶이 괴롭다고 탄식하지 말자
깊은 산 속 옹달샘도 흐르고 흘러가면
바다가 되고
여름이 지나가면 가을이 오듯
괴로움도 지나가면 즐거움이 오리라
지옥이 있으면 천국이 있고
삶이 값진 것은 죽음이 있기 때문이다

새 아침의 향연

풀 향기 물 향기 싱그런 아침
오솔길 걸어가면
풀섶에 잠들었던 이슬들
발걸음에 놀란 듯 반짝 눈뜨고
맑고 밝은 웃음으로 안녕! 인사를 한다

하늘금 지우고 동산으로 솟아오른
아침 해가 기지개 켜면
밤송이 속 알밤들이 추석명절 생각하며
영글어 간다

구름층이 아무리 두껍다 해도
하늘을 가릴 수 없듯
인간의 번뇌 망상이 천만 가지라 해도
새 아침의 향연 앞엔 남아돌지 못하리라

풀 향기 물 향기 향긋한 아침
들길 산길 걸어가노라면
벌써 귀뚜라미 우는 소리에
가을꽃이 개화를 연습하고 있다

신도 인간도 즐거운 계절

아픔으로 피어오른 나뭇잎의 춤사위가
절정의 고개를 넘어가고 있습니다
여름을 배웅하는 매미들의 송가에
애잔하게 화답하는 나팔꽃 가장자리로
살포시 내려앉은 잠자리 눈동자에
그리운 사연들이 스며 젖어 흐릅니다

탱탱하게 약 오른 고추들이
찌를 곳을 찾으니
땅 속 고구마가 몸부림치는지
놀란 개미들이 밭고랑으로 도망갑니다

풍요와 다산의 신을 믿는 자들이
자동차를 몰고 와서
포도밭의 포도를 통째로 입도선매하고
농약과 화학비료 섞어 만든 농작물의 경작자들이
판로를 찾아 값을 흥정하고 있습니다

가인의 후예들이
거부될 것이 분명한 제물을 아예 바치지도 않고
우상숭배에 혈안이 되어도
사랑과 자비의 신은
이제 질투하지 않게 되었습니다

여름이 가고 가을이 오는 길목에선
하느님도 인간도
거저 즐겁기만 합니다

창조의 의미

도심의 네거리 교차로 필로티 의자에 앉아
분주하게 오가는 사람들 하염없이 바라보니
닮은꼴은 있어도
똑 같은 사람 찾을 수 없다
얼굴 걸음걸이 다르듯 생각도 다르리라

지구별의 육십억 인구가 제각기 다르다는
다양성에 싯든 창조의 의미를 존중한다면
제도가 만들어낸 인간 규격화는
정죄되어야할 신에 대한 반역임이 분명해 보인다

인간의 손이나 기계로 만든 꽃이 제아무리
아름답게 보여도 생명이 없고
생명 없는 곳에 향기가 있겠는가
하느님이 만든 꽃은 다양하기에 아름답고
살아있기에 향기롭다

신에 의해 생화로 만들어진 인간의 다양성을
인간이 만든 억압과 착취의 메커니즘으로
획일적으로 규격화시켜
생명의 향기와 아름다움을 빼앗고 있는
타락한 인간조직 속에서 조화처럼 시들어가는
생명의 신음소리가 내 귀에 환청처럼 들리는 것 같다
도심의 교차로 행인들 속에서….

계절의 이 취임식

여름이 떠나가고 가을이 오는
계절의 이 취임식이 사뭇 요란하다
사라져가는 매미들의 울음이
이임식의 마지막 송사라면
조석으로 불러대는 귀뚜라미 노래는
가을의 취임사다

계절의 혁명은 서서히 다가오지만
변화의 물결에 거역하는 자는
살아남을 수 없음을 확인이라도 하듯
빨갛게 익어가는 대추들이 허공의 화선지 위에
순종의 도장을 찍는다

창조론을 믿는 자들이나 진화론의 신봉자들이나
가을 옷과 여름옷을 갈아입지 않을 수 없게 만드는
자연은 정복의 대상이라기보다
경외의 대상이다

여름이 떠나가고 가을이 오는 길목에
겸허히 서서 시드는 여름꽃 배웅하고
맑은 물로 찾아드는 가을 강의 노래를
반갑게 마중하며
내 인생의 이 취임을 생각해 본다

알밤의 경고

추석 명절 자식 손자들 모여들어
왁자지껄하던 집안이
썰물 빠져나간 해변처럼 쓸쓸하다

아내도 명절 고역에 지친 듯
관절 마디마디 목탁 치는 소리 들린다면서
소파에 드러누워 잠 속으로 빠져들고
나는 송편 서 너 개 호주머니 쑤셔 넣고
산 아래 마을 쉼터 팔각정 찾아갔다

오늘 같은 날에는
할멈에게 매 맞고 사는 이야기도
들을 만 할 것 같은데
진짜 죽도록 얻어맞고 병원 실려 간 것인지
공처가 김 노인도 보이지 않네

벤치에 앉아 조용히 눈 감고 명상에 잠기는데
생각이 제 멋대로 어디 돈 생기는 일 좀 없을까? 로
엉뚱하게 흘러가니
별안간 머리카락도 없는 내 두상
정수리를 뚝! 내리치는 그 무엇에
소스라치게 놀란다

알밤이다
빨간 알밤이 날더러 정신 차리란다
동(動)하면 손(損)이요 정(靜)하면 득(得)이라
나 같은 사람은 가만히 있는 것이
돈 버는 거란다

위험의 깃발 들고

추락이 겁나서 비행기를 못 타랴
전복이 두려워 자동차를 안타랴
상처 입지 않으려고 등산을 피하랴
전선의 병사가 총탄이 싫다고 도망만 칠 것인가
인생이란 뙤약볕에 노출된 지렁이 같은 것
위험 먹고 성숙하는 벼이삭의 악전고투를
본받아야 하리

항상 칭찬 받기 만을 좋아하지 마라
비난에도 흔들리지 않을 항체 없는 영혼은
뱀의 혓바닥에 놀아나는
이브의 유전자를 씻을 수 없다
인간이 퇴화하지 않는 것은
위험의 깃발 높이 들고 개척의 등정을
즐길 줄 알기 때문이다

생기나는 말 한마디

노인들 모여 게이트볼 치고 있다
껄껄껄 웃는 소리 농담하는 소리 왁자지껄
재미있어 보인다

게이트볼 모임에도
회장 총무가 있고 회비도 있고
문화탐방도 다닌다며 회장이 날더러
하루 날 잡아 강연 좀 해달란다

법학이 전공이라 인생 강의 못한다 하니
전공 관계없이 하루 수고해 주면
약소한 강사료도 주겠다는데
무슨 말을 해 줄까?

노년을 생기 나고 보람 있게 북 돋우고
격려해 줄 좋은 말조차 떠오르지 않는다
누구보다 노년의 인생을 의미있게 살아가는
인생의 선지식들 향하여는

인생이 무엇인지 몰라 늙은 몸 끌고
이 거리 저 언덕 방황하는 내가
인생 강의 딱 잘라 거절 못하고
에둘러 거절하는데 하루해가 저물도록
고생을 했다

순간을 영원처럼

맑고 푸른 가을 하늘을 더 푸르게 맑아지라고
흰 구름이 비질하며 흘러갑니다
느티나무 잎사귀에 살포시 내려앉은 잠자리가
저수지 속에도
똑 같은 하늘 구름이 정답게 노닐고 있음을 보며
어느 것이 실상이고 어느 것이 허상인지 알 수 없어
영롱한 눈동자 위 아래로 굴리며 두리번거리다가
이내 무아지경에 빠져들고 맙니다

동산의 나무들도 지난여름
저토록 파아란 하늘이
천둥 번개로 분탕질 한 일과
폭우로 변신한 먹구름의 횡포를
기억하지 않기로 했는지 환하게 웃으며
천지자연의 조화에 화답합니다

사랑하는 사람이여
맑고 푸른 가을 하늘의 마음을 담아
그대에게 사랑의 메일을 보냅니다
그대가 하늘이면 나는 흰 구름이 되고
그대가 흰 구름이면 내가 하늘이 되어
모든 허물 다 용서하고
영원을 순간처럼 순간을 영원처럼
가을 잠자리의 화평 속에
오순도순 잘 살아 보자구요….

벤치의 한 점 허물

공원 벤치에 오도카니 앉아
멍한 눈동자 굴리는 팔순의 노인들이
가을의 문턱
느티나무 가지 끝에 매달려 불러대는 매미들의 이별가에
설움이 북받쳐 오르는지
별안간 눈시울이 붉어지기 시작합니다

죽음의 의미를 모르는 매미들이야
허물 하나 벗어놓고 정든 땅 뒤로한 채
표표히 사라져 간다 해서
노래의 음색이 슬퍼질 리 없으련만
산책 나온 지렁이 한 마리의 비명횡사에도
스스로의 죽음을 떠올리지 않을 수 없는
인간들의 귓전에
어찌 가을바람에 실려 가는 매미들의 노래가
눈물 나는 비창으로 들리지 않을 수 있겠습니까

공원 벤치에 오도카니 앉은 노인들
한 마디 말도 없이 초점 잃은 눈동자 끔적이며
헛헛한 마음 매미 울음 따라 가다보면
어느덧 벤치에서 떠나지 않을 허물 한 점으로
말라붙지 않을까 걱정입니다

떠나는 거다

그래 떠나는 거다
늙은이가 디딤돌이 못될지언정
걸림돌이 되어서야 되겠는가

생각 없이 내뱉은 몇 마디 말이
쉽게 아물기 어려운 상처가 되는지도 모를 정도로
내 잘못이 무엇인지 모를 정도로
판단력마저 흐려졌다면
눈앞에서 사라져 주는 것이
상처 입은 자를 위한 최선의 배려일 테니까

그곳에 비록 배울 것 많다고 해도
내 마음 남의 마음 편치 못하다면
사라져 주어야 한다
인생이 얼마나 산다고
눈칫밥 먹으며 머물 것인가

해는 이미 서산으로 기울어 가는데
무작정 미룰러서 어쩔 것인가
미련이 남는다 해도 대안은 없다
떠나는 것 말고는

잉어의 기도

잔잔한 수면 위로
소금쟁이들 운동회를 하고 있지만
떡밥 먹고 텁텁해진 물속으론
천의무봉 흰 구름도 들어설 엄두조차 내지 못한다

윤기 나는 승용차 몰고 온 사람들
태공들의 축제가 열리나 보다
바늘에 떡밥 먹인 낚싯대들 하늘 향하면
살육의 예비 음모는 이미 끝난 일
햇살에 번뜩이는 실줄의 광휘는 실행의 착수를 알리는
신호이든가

오늘은 일요일
물속의 잉어들도 안식일을 거룩하게 보낼 요량으로
성전에 모여
신의 사랑과 자비, 긍휼을 갈구하겠지만
귀 먹은 인간들은 알아듣지 못하고
매운탕을 끓여먹을 수도 없는 잉어의 몸뚱이를
장난으로 낚아 올려
무료함을 달래기에 여념이 없다

알고 보면
인간이 물속의 잉어이고
인간들이 믿는 신도 인간의 기도를 들을 수 없는
귀 먹은 분일지도 모르는데
잉어 같은 중생들이 태공 같은 신을 향해
손을 비빈다

잉어와 사람

오늘처럼 흐린 날은 호수 속 잉어들도
일 나가지 아니하고
부침개 안주하여 소주 한 잔 걸치고
소파에 드러누워
낮잠이라도 한 숨 자고 싶을 것인데

부슬비 빗방울은 쉼 없이
호수의 수면 위에 동그라미를 그리고
태공들은 이런 날도 찾아들어
배고픈 잉어들을 떡밥으로 유인하여
인생의 무료함은 사술로써 달래는가

무느냐 마느냐로 결판나는 잉어의 생사 앞에
태공의 희비가 엇갈리니
잉어와 사람의 머리싸움으로
잉어가 사람의 머리를 닮아가고 사람의 머리가
잉어를 닮아 가면
어느 날 사람이 잉어인지 잉어가 사람인지
헷갈리겠다

극락과 천국

서방정토 극락 찾아
십만 억 국토 돌고 돌아 달리다보면
원래 서 있었던 제 자리 다시 찾아오게 되니
여기가 바로 서방정토 극락 아닌가
아미타 부처님은 내 마음 속에 계시고

시기 질투 미움 전쟁이 없고
질병 기아 목마름이 없으며
자비와 용서 사랑과 평화가 넘치는 곳이
천국이라면
사람 사는 이 세상을 그런 곳으로 만들어 놓으면
이 땅이 바로 천국 아니겠는가

배추의 천국은 들녘 채소밭이고
매미들의 극락은 여름철 느티나무 가지 끝이며
지렁이의 천국은 습기 찬 땅속이고
구더기의 극락은 똥통이다

상락아정(常樂我淨)의
열반사덕(涅槃四德)은
번뇌가 꺼진 평화의 땅에서 들려오는
생명의 율동이다

가을의 풍경 속에

아름다운 가을의 풍경 속에
신의 모습이 보입니다
팔만 사천의 법문과 산상의 보훈이 들립니다
소멸이 이토록 아름다운 것은
그 안에 탄생의 씨앗이 들어있기 때문입니다
태어남이 사라짐의 시작이라면
사라짐은 태어남의 시작입니다
느티나무 잎사귀가 떨어져 부토의 거름으로
돌아간다 해도 이별을 슬퍼하지 않음은
언젠가는 다시 가지 끝으로 무성히 피어올라
메마른 땅 위로 그늘을 드리울 것을
믿기 때문입니다

아름다운 가을의 풍경 속에
관세음보살의 미소가 보입니다
피안이 있어 차안이 행복한 것이고
웰 다잉이 있어야 웰 빙이 있는 것이라고
가르치고 있습니다

지금은 무아법에 통달할 때

인간 백세시대에 앞으로 이십년을 무위도식 할거냐? 고
내 안의 또 다른 내가
취업을 하든지 그게 안 되면 창업이라도 하라고
충돌질한다

내가 뭘 하면 잘 할 수 있을까?

안 이 비 설 신이 파열음을 내고
온 몸의 뼈마디가 삐거덕거리는데
이제는 좀 편히 쉬어야 한다고 애원했지만
네가 언제 뼈를 깎는 아픔과 피 말리는
고통을 겪으며 일 해본 적이 있느냐고 대들고
이에 더하여 어느 시인은
네가 연탄재를 발로 찰 줄만 알았지
연탄불처럼 뜨거워 본 적이 있느냐고 묻는다

그래, 정치를 한 번 신장개업해 보는 거다
돈을 모으고 사람을 모으고 거짓말을 배우고
얼굴을 성형하고 현수막을 내걸고……
장난 아니네

가을바람에 은행잎 폴폴 떨어지면서
지금은 뼈와 피를 채우되
연탄불은 꺼져야할 때라고 가르쳐 주네
이제는
무위도식이 아니라 무아법에 통달할 때라고
타일러 주네

가을비 내리는 날

촉촉한 가을비는
떠나가는 낙엽에게 올리는 석별의 술잔인가
이별이 서러워 훌쩍이는 하늘의 눈물인가
땅을 향해 속삭이는 위로의 법문인가

찢어진 우산으로 비를 막고
젖은 땅 밟으며 걸어가는 오솔길
기다리는 우리 님은 부슬비에 옷 젖을까
못 오시는지
코스모스 가녀린 줄기 타고 울고만 계시네

가을비 하염없이 내리는 날
지렁이의 겸손은 비굴이 되지만
익을 대로 익은 벼이삭들
성숙한 자의 겸손은 아량이 된다며
더욱 넓어지고 깊어진 마음으로
차분히 고개 숙여 비를 맞고 서 있네

촉촉한 가을비는
아직도 날 잊지 못해
눈물로 띄우는 순심이의 메일인지
실오라기 같은 빗줄기 마디마디
뜨거운 사랑의 숨소리가 묻어있다

가을 운동회

오늘은 운천중학교 가을 운동회
높고 푸른 하늘 아래
가을꽃이 피었다 단풍이 지네
사람이 꽃으로 단풍으로
빨 주 노 초 파 남 보 무지개로 떠올랐네

달리고 차고 넘어지고 뛰어넘고 줄 넘고
원숭이 재주로도 넘지 못할 저 몸놀림은
신의 특제품인 인간만이 연출할 수 있는
예술의 극치다

붓다께서 사문유관 다니실 때
저런 것 보셨다면 노 병 사 괴롭다고
출가하진 않았을 것이고
예수께서 저런 광경 보셨다면 속죄할 죄인 없어
십자가를 지지 않았을 것인데……

운천중학교 가을 운동회
구름이 냇물처럼 흘러가는 운동장에
사람 꽃이 피었네
가을이 익어가네

존재하기 때문에 생각한다

해가 지고 휘영청 달이 뜨듯이
순심아
해 같던 네 얼굴 달처럼 되어가고
달 좇던 내 얼굴도 일그러진 조각별로
저물어 간다

밥 먹고 사는 일만도 너무 버거워
거울 없이 살아온 우리들인지라
해 뜨면 낮인 줄 알고 일어나 일 나가고
달 뜨면 잠자는 줄만 알았지
언제 해와 달 거울삼아 인생의 의미를
생각해 본 적 있었더냐

해와 달 바라보며 고요히 생각 가다듬어
인생의 의미를
너와 나의 발자취로 더듬어 볼 때 되니
너도 늙고 나도 늙어 한 생의 여정이
끝나가는구나

그래, 순심아
그래도 우리들 인생 잘 살아온 거라고 생각하자
지금 이 시간
생각하기 때문에 존재하는 것이 아니라
존재하기 때문에 생각할 수 있으니까

군위땜 언덕에서

여기는 군위땅 군위땜 언덕
둘러보는 사방은 온통 첩첩 산인데
땜 속에 갇힌 물은 갑갑하지도 않은지
고운 햇살 희롱하며 즐겁게 노네

구절초 흐드러지게 피어올라
시름 많은 나그네의 눈물샘 건드리니
벗이여, 이 설레는 풍광 앞에
어찌 한잔 술을 마다하리
팔공산 막걸리로 그리움 달래본다

뜬 구름이 잉태하여 바람이 키워낸
대추가 능금처럼 익어가니
이만한 고장이면
일연선사 삼국유사도 우연이 아니겠다

나도 저 깊은 산 허리춤에 절 하나 지어놓고
하늘에 뜻을 묻고 땅의 정기 모아서
삼국유사 버금가는
조국의 흥망사 한 권 펴내고 싶어진다

불국사에서

토함산 불국사
여러 번 와 보았지만 볼수록 더욱 좋다
성급한 잎사귀가 낙하의 시범을 보이지만
극락전 피어오른 나뭇잎들은
아직도 초록빛 이승의 옷을 벗지 못한다
청운교 백운교 지나 돌계단 올라가니
안양문 가슴 열고 날 반겨주는데
자하문 앞 친년 노송들이
노인아, 저승길 서두르지 말고
토함산 옥로수나 한 잔 들고 쉬어가라 하더라

살아있는 다보탑 법화경 설하며
김대성을 그리워하지만
허물어진 무영탑은 부활을 꿈꾸면서
아사녀의 슬픈 전설만을 들려주는데
눈동자 새파란 이국의 손님들이
의미도 모르면서 원더풀을 연발한다

무설전 들여다 보아도 강설은 없고
복 비는 사람들 꿇어앉아 백팔 배 올리며
불전함 속으로 돈을 넣으니
법단으로 나투신 석가모니 부처님
나는 설하되 설하지 않았으며 설하지 않았으되
많은 것을 설했으니
색이 공이요 공이 색이라시며
복 받기를 원하거든 저기 비질된 마당 한 복판
황금 복돼지에게 가보라고 하시더라

왕도의 한복판에서

신라모텔 하룻밤 자고
새벽 공기 맡으니
천년 신라의 향기가 난다

오늘은 어딜 가서 하루해를 보낼까
왕릉이나 구경하며
무상한 인생을 위로 받을까 궁리하는데

청기와 단장한 고택의 한켠에서
내 코를 자극하는 구수한 음식 냄새 이끌려
돼지국밥 김치깍두기로 객수를 잊는다

천년 왕국의 한 복판에서
하릴없는 구경꾼이 부질없이 찍어놓은
발자국 한 점이
왕도의 영광처럼 영원하기를 빌며

천국 지옥 따로 없네

떨어지는 단풍잎 미세한 울림에서
신의 음성 들리고
호박꽃 잠재우는 아침이슬 속에서도
웃음 짓는 부처 모습 보인다

땅에서 바라보면 하늘이 천국이나
하늘에서 바라보면 이 땅이 천국이니
하늘 땅 따로 없고
천당 지옥 따로 없네

내 마음 깊고 넓어
하늘처럼 자애로워지면
듣는 것 모든 것이 하늘의 음성이고
보는 것 모든 것이 부처의 모습이라

천국 지옥이 내 마음에 들어있고
내 마음이 하느님이고
내 마음이 부처라네

쓸모없는 충고 한 마디

김 노인아,
자네의 잣대로 마흔 살 아들의 인생을 재단하지 말게
아들의 인생은 아들의 것
간섭하지 마시게

정반왕의 눈에는 불효로 보였던 붓다의 출가가
광명의 등불이 되고
요셉의 생각으론 광인의 장난 같던
예수의 십자가가 인류의 양심을 지키지 않았더냐

자네의 그 평범한 눈동자에 바보처럼 비치는
아들의 짓거리가
새대가리 생각으론 풀어내기 어려운
비범한 기행일 수도 있음을 알아야 하네

사자와 호랑이가 벼랑에서 새끼 버리듯
독립한 아들의 독자적 삶을 위해
자네와 아들을 속박해 온
보호와 의존의 끈을 과감히 끊어버리시게

그것이
자네가 살고
아들도 사는 길임을 명심하시게

거창 수승대 신보성 시비 건립 기념
신보성 제5시집

수승대

인쇄	2013년 11월 15일
발행	2013년 11월 15일

지은이	신보성
발행·편집인	신수근
디자인	강영주

등록번호	제300-1997-103호
주소	서울 관악구 청룡동 1592-9 동산빌딩 403호
전화	02-877-5688(대)
팩스	02-6008-3744
이메일	samuelkshin@naver.com

ISBN 978-89-88125-29-8 부가기호 03810
정가 13,000원